Kleine
Feuerwehrschule

Ein Umriß der gesamten modernen Feuerbekämpfung und des Gasschutzes mit belehrenden Hinweisen für Werk- und Hausfeuerwehren

Mit 23 Abbildungen im Text

Von

Alfred Trumpoldt

Oberzug- und Gastruppführer der Freiwilligen Feuerwehr Werdau i. Sa.

Mit einem Geleitwort von Landesbranddirektor

Adolf Ecker

Verbands-Führer der Freiw. Feuerwehren Deutschlands

Kurt Büttner Verlag, Berlin NW 87

1936

Inhaltsverzeichnis.

Leitsprüche:

Überlegenheit und große Ruhe
sichern im Augenblick der Gefahr
dem Mannhaften den Sieg zu!

*

Tue nicht bloß deinen Dienst,
sondern sorge auch für deine Weiterbildung!

Die Abbildungen haben in freundlicher Weise zur Verfügung gestellt die Firmen: Drägerwerk, Lübeck; Degea-(Auergesellschaft), Berlin; E. C. Flader, Jöhstadt i. Erzgeb., Sa.; C. F. Magirus, Ulm, Donau; Rheinmetall, Sömmerda.

Geleitwort des Führers der deutschen Feuerwehren.

Wenn der Verfasser der „Kleinen Feuerwehrschule“ in seiner Einführung betont, daß ein Feuerwehrmann sich die Brandtaktik praktisch erst in 8—10 Jahren erwerben kann, so ist dies in dieser Zeit selbst nur in günstigsten Fällen möglich. Mancher Führer wird in seiner langen Zugehörigkeit zur Wehr kaum Gelegenheit finden, Brandtaktik praktisch ausüben zu können und dennoch soll und muß er wissen, was bei einer sachgemäßen Brandbekämpfung zu tun ist.

Die theoretische Unterweisung und Abwechslung an Übungsprojekten muß dann die fehlende Praxis ersetzen, um für alle Fälle gerüstet zu sein.

Das Büchlein „Kleine Feuerwehrschule“ sagt zwar in dem ersten Teil „Feuerbekämpfung“ für den erfahrneren Feuerwehrführer nichts Neues, doch ist die Zusammenstellung sachlich in eine Form gebracht, die beachtenswert ist und sich ganz besonders auch für Unterführer zum Selbstunterricht eignet.

Der weitere Teil „Löschmittel und ihre Anwendung“ berücksichtigt alle Neuerungen, insbesondere auf dem Gebiete des Schaumlöschverfahrens. Sowohl für Feuerwehren, als auch für die Organe des Luftschutzes, die als Hilfskräfte dem Feuerlöschwesen zugeteilt sind, ist der angefügte Teil „Gasschutz“ ein wertvolles Lehrbuch, zumal der Inhalt auch für den Laien leicht verständlich gehalten ist.

Möge daher auch dieses Buch dazu beitragen, den Feuerwehrmann von unten auf in den schweren und schönen Beruf einzuführen und dem Laienhelfer im Luftschutz die nötigen Kenntnisse in gefahrvoller Zusammenarbeit mit der Feuerwehr vermitteln zu helfen.

München, im Dezember 1935.

gez. Ecker
Landesbranddirektor
Verbands-Führer des Deutschen
Feuerwehr-Verbandes e. V.

Zur Einführung.

Im vorliegenden Buche soll nicht der Gerätedienst, der jeweils in besonderen Übungsordnungen geregelt ist, aber auch nicht andere als die auf dem Titel genannten Gebiete behandelt werden. Der Feuerwehrberuf ist ob seiner Vielseitigkeit ein schwerer, besonders die Erlernung und Erfassung der Brandpraxis. Und es ist wohl nicht zu viel gesagt, wenn von berufener Seite behauptet wird, daß ein Freiwilliger Feuerwehrmann 8—10 Jahre braucht, um eine einigermaßen brauchbare Brandpraxis zu erlangen.

Aus diesem Grunde sollen in dieser Ausgabe aus der Feuerwehrliteratur nur die springendsten Punkte herausgeschält werden: Feuerbekämpfung, die Löschmittel und deren Anwendung und der Gasschutz, welch letzterer durch Einführung des Luftschutzes Gemeingut des deutschen Volkes werden muß. Alle anderen Kapitel, wie Löschwasserversorgung, Schaffung von elektrischen Alarmzentralen, Motorkenntnis, Unfallverhütung usw. sind vorbereitender Natur, bzw. Sache der Gemeinde.

Die zur Feuerbekämpfung und zum Gasschutz erforderlichen Geräte und Instrumente stehen heute in Deutschland technisch so auf der Höhe, daß man fast nicht glauben kann, daß eine Steigerung noch möglich ist.

Je größer jedoch ein Gerät ist, desto mehr Kenntnisse in der Anwendung sind nötig.

Jede Feuerwehr, auch die Berufsfeuerwehr, ist den kritischen Blicken des Publikums ausgesetzt. Deshalb muß jede Feuerwehr, auch die kleinste, so ausgebildet sein, daß sie sich dem Kalamitosen sowohl, als auch dem Publikum gegenüber in ihren Handlungen und Kenntnissen völlig überlegen zeigt.

Brandschaden ist Landschaden! Für den bei Luftangriffen entstandenen Schaden haften die Versicherungsgesellschaften nicht! Das reiche Deutschland vor dem Kriege ist mit dem heutigen armen Deutschland nicht zu vergleichen und es liegt an der Feuerwehr zu einem Großteil mit, ja es muß sogar ihre heiligste Pflicht sein, auch ihrerseits an dem Aufbau unseres lieben Vaterlandes mitzuwirken und mitzuhelfen, indem sie sich ihrer Aufgaben voll bewußt ist und ihr Ansehen dadurch fördern hilft, daß alles das unterlassen wird, was nur irgendwie von Schaden sein kann.

Der Verfasser.

Erster Teil:

Feuerbekämpfung
Löschmittel

Die Stettiner Feuerwehr bekämpft mit Kraftdrehleitern einen großen Dachstuhlbrand. (Magirus.)

Feuerbekämpfung.

1. Rückblick.

Daß die alten Römer sich schon 300 Jahre v. Chr. mit der Feuerbekämpfung befaßten, ist urkundlich festgestellt worden; denn die von ihnen erbaute Wasserleitung, von der heute nur noch kümmerliche Reste vorhanden sind, deutet darauf hin, daß diese nicht nur der Wasserversorgung, sondern auch für Brandfälle nutzbar gemacht worden ist. Doch fielen diese Errungenschaften der Vergessenheit anheim und es verging anderthalb Jahrtausend, ehe man sich wieder damit ernstlich zu beschäftigen anfing.

In Deutschland nahm die Feuerbekämpfung ihren Anfang, als die Chemiker und Alchymisten sich wissenschaftlich damit befaßten und im Jahre 1743 festgestellt wurde, daß Feuer nur in Verbindung mit dem Luftsauerstoff möglich ist, also daß der brennende Stoff eine Verbindung mit dem Sauerstoff eingeht, nicht, wie irrtümlich oft behauptet wird, daß derselbe mit verbrennt. In die Zeit vom 16. bis 18. Jahrhundert fällt die Erfindung der ersten brauchbaren Feuerlöschgeräte. Die erste Feuerspritze wurde im Jahre 1614 erbaut und war in Dresden in der Ausstellung „Roter Hahn" mit vielen anderen altertümlichen Feuerlöschgeräten zu sehen.

Während der Geschichtsschreiber mit der neueren Geschichte im Jahre 1492 anfangen kann, muß der Feuerwehrhistoriker bis zum Jahre 1672 warten.

Als eigentlicher Begründer des modernen Feuerlöschwesens ist der Holländer Jan van der Heyde anzusprechen. Maler von Beruf, war er viel in der Welt herumgekommen. Nachdem er sich in Amsterdam niedergelassen hatte, zeichnete er sich dort bald auf dem Gebiete des Feuerlöschwesens besonders aus, wofür er zum Branddirektor ernannt wurde. Ihm verdanken wir die Erfindung der Schläuche (1672), damals „Schlangenspritze“ genannt, die aus Segeltuch oder aus Leder bestanden und naturgemäß auch sehr teuer waren. Bis dahin war das Strahlrohr, „Wenderohr“ genannt, direkt an der Spritze befestigt. In Deutschland wurde die erste „Schlangenspritze“ 1686 in Dresden eingeführt.

Diese Erfindung verbreitete sich naturgemäß auch in Deutschland sehr rasch, zumal der Erfinder große Erfolge bei der Feuerbekämpfung nachweisen konnte. Der Erfindung der Schläuche folgte dann die des Strahlrohres und der Verschraubungen.

Große Feuersbrünste Mitte des 19. Jahrhunderts bilden den Anlaß, das bisherige unzuverlässige Pflichtfeuerwehrsystem durch ein anderes zu ersetzen. Als Beispiele von den großen Bränden seien der Brand von Hamburg, Pfingsten 1842, der Brand des Berliner Opernhauses am 18. August 1843 und der Brand des Karlsruher Hoftheaters am 28. Februar 1847, genannt.

Die Hamburger waren auf ihre Feuerwehr und ihre Feuerlöschgeräte so eingestellt, daß sie glaubten, es könnten allerhöchstens zwei Häuser niederbrennen. Und doch forderte diese Feuersbrunst 1749 Häuser und 50 Menschenleben.

Der Brand des Berliner Opernhauses und der

Brand des Karlsruher Hoftheaters, gab der Berliner Stadtverwaltung auch zu denken und waren die Ursache, daß, allerdings erst im Jahre 1851, eine festbesoldete Feuerwehr gebildet wurde und somit die erste Berufsfeuerwehr in Deutschland entstand. Bei dem Brande des Karlsruher Hoftheaters, dem 62 Menschen zum Opfer fielen, war der Retter in der Not, die kurz zuvor erst gegründete Durlacher Freiwillige Feuerwehr. Obwohl Durlach eine Wegstunde von Karlsruhe entfernt ist und die Wehrleute ihre Geräte mit der Hand ziehen mußten, war sie nach gegebenem Alarm in einer Stunde zur Stelle. Dem Eingreifen der Durlacher, deren Führer großen Wert auf eine gute Steigerausbildung gelegt hatte, ist es zu danken, daß die Orangerie und die Staatskasse erhalten blieben.

Dieser Großtat der Durlacher Wehr, die grell die unhaltbaren Zustände des deutschen Feuerwehrwesens beleuchtete, war es auch zuzuschreiben, daß man lange der Meinung war, daß in Durlach die Gründung der ersten Freiwilligen Feuerwehr Deutschlands erfolgt sei.

Dem ist aber nicht so. Die erste Freiwillige Feuerwehr wurde 1841 in Meißen, der Stadt des Porzellans, gegründet.

Den Hauptanteil der Mannschaften, ja in manchen Orten vollständig, der in rascher Folge hier und dort sich bildenden Freiwilligen Feuerwehren, stellten die Turner. Es ist damals vorgekommen, daß die Turnvereine, die ihre Gründung dem allverehrten Turnvater Jahn verdankten, infolge großen Austritts nur noch kümmerliche Reste darstellten. Noch heute führen viele Wehren den Namen „Turnerfeuerwehr“.

Nachdem das Feuerlöschwesen in Deutschland durch

die Gründung der straff disziplinierten Freiwilligen Feuerwehren einer Besserung entgegen ging, erfolgte auch automatisch der Ausbau und die Verbesserung der Feuerlöschgeräte, insonderheit der Handdruckspritzen, 1840 Erfindung der Saugspritze, denen dann 1880 die Dampfspritzen und schließlich 1903 die Kraftspritzen folgten.

Aber auch die Erfindung der Hanfschläuche, die Verbesserungen der anderen Geräte, z. B. der Leitern, von der Anstell- und Stützenleiter über die mech. Schiebeleiter und Scherenleiter zur heutigen Kraftdrehleiter sollen nicht unerwähnt bleiben. Der großen Zahl der kleinen Löschmittel, Kübelspritze, Minimax, Tetralöscher, Sandlöscher, Schaumlöscher, die zumeist die Errungenschaft der letzten Jahrzehnte darstellen, sei auch lobend gedacht.

Die fortschreitenden Verbesserungen an den Feuerlöschgeräten und die Einführung der Kraftspritze, die ihren unaufhaltsamen Siegeszug durch Deutschland antrat, brachten es mit sich, daß auf die vielen fleißigen Hände, die früher bei der Brandbekämpfung nötig waren, verzichtet werden kann. Wenn eine Handdruckspritze in der Minute 150—180 Liter leistete, so gibt es heute Kraftspritzen und Löschboote, deren Leistung minutlich 2500 Liter beträgt. Nur dieser Großleistung ist es auch zu danken, daß der Dampfer „Europa", der, bereits vom Stapel gelaufen, von einem größeren Brande befallen, durch die Hamburger Berufsfeuerwehr, sowie die Werftfeuerwehr gerettet werden konnte. Mit einem Aufwand von 13 Löschbooten und 3 großen Kraftspritzen, die 65 B-Rohre viele stundenlang speisten, wurde das Riesenfeuer schließlich doch bewältigt. Dies als Beispiel von heute im Vergleich zu den oben geschilderten Brandkatastrophen von früher.

In unserem deutschen Vaterlande bestehen z. Zt. 65 Berufsfeuerwehren mit einer Mitgliederzahl von rund 10 000, während die Freiwilligen Feuerwehren mit einem Bestande von rund 36 000 Wehren und einer Mitgliederzahl von 1 800 000 aufwarten können.

Hierzu kommen noch die ungezählten, jetzt in der Ausbildung begriffenen Helfer beim Luftschutz (Werkluftschutz und die Hausfeuerwehren).

Disziplinierte, gut ausgebildete Männer, leistungsfähige Geräte, dann kann allen Gefahren begegnet werden, denn

Wohltätig ist des Feuers Macht
Wenn es der Mensch bezähmt, bewacht,
Doch furchtbar wird die Himmelskraft,
Wenn sie der Fesseln sich entrafft — — —

2. Leitsätze und Vorbedingungen.

Der Dienst auf dem Übungsplatz ist die Schule für den Brandfall, deshalb ist für eine gute und erfolgreiche Bekämpfung des entstandenen Schadenfeuers eine gründliche Kenntnis und Übung mit den Feuerlöschgeräten Vorbedingung. In den früheren Zeiten, wo die Geräte einfache waren, erforderten diese auch nur eine geringe Zahl von Übungen im Jahre. Im Zeitalter des Motors, der neben einer straffen Übung auch eine gute und sachgemäße Pflege verlangt, sind öftere praktische Übungen unbedingt erforderlich.

Weiter ist den Übungen am Steigerturm, die Gewandtheit und Schwindelfreiheit erfordern, ganz besondere Aufmerksamkeit zu schenken. Das Hakenleiternsteigen ist das A und O der Feuerwehr. Die Griffe beim Steigen am Steigerturm müssen so „sitzen", daß sie nur noch rein mechanisch ausgeführt werden, müssen so in Fleisch und Blut übergegangen sein, daß der Steiger auch bei Nacht und im Qualm die Hakenleiter mit derselben Sicherheit hochzubringen, einzuhängen und besteigen kann, wie am Tage.

Der Verfasser verweist an dieser Stelle auf das Beispiel aus alter Zeit: Durlach. Mit einigen wenigen Übungen im Jahre ist nichts getan. Mit schlecht ausgebildeten Steigern kann man im Ernstfalle nichts anfangen, kann auch nichts verlangt werden. Gleich wie der Sportler, muß auch der Steiger eifrig üben und trainieren, um auf der Höhe zu bleiben. Ein Steiger, der nicht eifrig übt, kann auch nichts leisten. Auf die wenigen, die durch ihren Beruf, wie Schornsteinfeger, Bauhandwerker usw. an und für sich ans Leitersteigen gewöhnt sind, kann und darf sich die Führung nicht verlassen. Den anderen aber, denen der Beruf diese Vergünstigungen nicht in den Schoß gelegt hat, haftet bei ungenügender Übung ein gewisser Grad von Ängstlichkeit und Unsicherheit an, die nur durch fleißige Übung gebannt werden kann, und außerdem noch der körperlichen Ertüchtigung dient, Ruhe und Gewandtheit fördert.

Allein durch sportmäßiges Üben am Steigerturm kann Sicherheit usw. nicht verlangt werden. Das läßt sich nur durch schulmäßiges straffes Exerzieren erreichen.

Aber auch das Schlauchauslegen erfordert Gewandtheit und Schnelligkeit. Ist doch diese Handlung einer der wichtigsten ersten Vorgänge beim Einkreisen und

Niederkämpfen der Schadenfeuer. Siehe besondere Beschreibung!

Des weiteren sind Vorkehrungen für eine schnelle Alarmierung der Feuerwehr zu treffen, dem sich noch die Forderung einer raschen Ausrückungsmöglichkeit und das Vorhandensein der nötigen Löschmittel und des Löschwassers anschließt. Ob dieses nun aus Teichen, Flüssen, Schleusen, Kanälen, Wasserleitungen usw. entnommen wird, ist gleich, die Hauptsache ist, daß nicht Hindernisse vorhanden sind, durch deren Wegräumen erst kostbare Zeit vergeudet wird. Die Werk-Luftschutz- und Hausfeuerwehren seien besonders darauf aufmerksam gemacht, daß die im Innern des Gebäudes sich befindenden Wasserstellen nicht durch allerlei Gerümpel usw. verbaut sind. Das gleiche gilt für Theaterbühnen.

Für eine Brandbekämpfung sind folgende

Leitsätze

aufgestellt worden, deren Beachtung aufs dringendste zu empfehlen ist:

1. Die erste Frage sei stets: Sind Menschenleben in Gefahr? Menschenrettung geht allem voran!
2. Ein Feuer soll möglichst nicht über den vorgefundenen Herd hinausgehen.
3. Es muß in jedem Falle versucht werden, das Feuer einzukreisen und ist der Innenangriff zuerst durchzuführen.
4. Allen Verletzungen und Beschädigungen von Personal und Material der Feuerwehr ist vorzubeugen.
5. Durch die Tätigkeit der Feuerwehr soll kein Sachschaden verursacht werden.

3. Organisation des ersten Angriffes.

a) Durchführung des Alarms.

Nach erfolgtem Alarm begibt sich jeder Wehrmann an das zuständige Gerätehaus, von dort schnell und auf dem kürzesten Wege zur Brandstelle. Es ist ganz zwecklos, ohne die erforderlichen Geräte an die Brandstelle zu gehen; denn ohne diese kann an die Bekämpfung eines Feuers nicht gedacht werden.

Der Weg zur Brandstelle ist in dem Tempo zurückzulegen, wie es die körperliche Beschaffenheit eines Jeden zuläßt, also so, daß nach dem Eintreffen die Arbeit sofort aufgenommen werden kann. Ein vom schnellen Laufen ermüdeter und mit ausgepumpter Lunge ankommender Mann ist zur Arbeit untauglich und unfähig. Eine Erleichterung für den ersten Angriff bilden die Kraftspritzen bzw. Mannschaftswagen, deren Anschaffung im Zeitalter des Motors jeder Gemeinde zu empfehlen ist.

b) Einleitung des Angriffs.

Die Bekämpfung eines Schadenfeuers läßt sich auf Grund seiner Verschiedenartigkeit und Vielgestaltigkeit im allgemeinen nicht schematisieren. Eine große Rolle spielt zunächst die Unkenntnis des Gebäudeinnern, da der innere Ausbau jedes Gebäudes dem zu dienenden Zwecke entsprechend angelegt worden ist. Für größere Werk-, aber auch für Hausfeuerwehren, ist die Kenntnis des in Frage kommenden Gebäudeinnern immer von gleich großer Bedeutung.

Weiter kommt die Verschiedenartigkeit der Bekämpfung bei den zur Entzündung gekommenen Stoffen in Betracht.

Beim Eintreffen auf der Brandstelle hat sich der Führer zunächst von der Lage des Brandherdes Kenntnis zu verschaffen, währenddessen die Mannschaften die erforderlichen Geräte, Spritze usw., fertig machen und die vorerst notwendigen Schlauchleitungen auslegen.

Schnelles Erkennen der Gefahr und schneller Entschluß ist die Vorbedingung für einen erfolgreichen Angriff. Der Leiter auf der Brandstelle muß sich so schnell wie möglich einen Überblick über die Brandlage verschaffen. Durch Befragen von Hausbewohnern, Betriebsführer, Arbeitskameraden usw. können wertvolle Aufschlüsse, besonders über das brennende Material, bauliche Einrichtung des Gebäudes, über die Zugänglichkeit und Zusammenhang der Räume, Notleitern, feuerfeste Türen, Entlüftungs-Einrichtungen, Lagerung von feuergefährlichen Stoffen, Rettungs- und Angriffswege gewonnen werden.

Im übrigen soll aber die Feuerwehr auf die Hilfe von Zivilpersonen verzichten, da durch deren Ungeübtheit meistens nur Schaden angerichtet, bzw. große Unruhe und Unsicherheit in die Tätigkeit der Wehr getragen wird. Ruhe, vollständige Ruhe, ist bei einem Löschangriff oberster Grundsatz. Es gibt nur Kommandos, und diese sollen auch nur so laut gegeben werden, wie es die Entfernung erfordert.

c) Brandleitung.

Der oder die Leiter eines Löschangriffes werden ihren Standort so wählen, daß sie die Lage möglichst übersehen können und müssen für Nachrichten stets erreichbar sein. Der Standort ist des Nachts durch eine rote Lampe zu kennzeichnen. Deshalb ist sofort ein Nachrichtendienst einzurichten, den ältere Feuerwehrkameraden, die an der Front nicht mehr zu verwenden sind, versehen können.

d) Menschenrettung.

Der Brandleiter muß sich als erster Gewißheit darüber verschaffen, ob und inwieweit Menschenleben in Gefahr sind oder in Gefahr geraten können. Ist dies der Fall, so gilt ihnen die erste Aufmerksamkeit. Nicht immer wird es notwendig sein, gefährdete Personen sofort ins Freie zu bringen, und zwar z. B. in dem Falle, wenn eine unmittelbare Gefahr für diese nicht besteht, oder die Treppen so verqualmt sind, daß die Personen nicht ohne Atemschutz auf diesem Wege gerettet werden können.

In diesen Fällen sind diese Personen durch Zuruf zum Ausharren zu ermuntern und aufzufordern, Türen und Fenster zu schließen, wenn durch diese Rauch eindringt. Zu ihrer Sicherheit sind Mannschaften zu den Bedrängten zu entsenden, die sie beruhigen, sich über die Sachlage vergewissern bzw. die Rettung vorbereiten. Eine schwierige Sache ist es allerdings, wenn die Feststellungen, ob Menschen in Gefahr sind, in der Nacht gemacht werden, oder wenn sich die Gefährdeten nicht selbst bemerkbar machen können, etwa dadurch, daß diese durch Rauchgase betäubt sind oder in der Dunkelheit oder Verqualmung nicht gesehen werden. Es ist in diesem Falle notwendig, einen Trupp zu entsenden, der die Räume absucht.

Ist die Gefahr für die Bedrängten derartig, daß ihre Bergung erforderlich wird, so sind sofort alle verfügbaren Mittel und Kräfte zu ihrer Rettung einzusetzen. Die Frage über die Wahl des Rettungsweges, ob Treppen, Rutschtuch, Rettungsschlauch, Leitern, Leinen oder Sprungtuch ist nach dem Grundsatz zu entscheiden, daß stets der sicherste Rettungsweg zu wählen ist.

Muß nach Lage der Dinge die Rettung von außen her erfolgen, also nicht über Treppen, so ist der sicherste und beste Rettungsweg die mechanische Leiter; bei niederen Gebäuden genügt schon die Steckleiter oder die tragbare Schiebeleiter. Es hat sich in der Feuerwehrpraxis des öfteren in solchen Fällen erwiesen, daß die Leute lieber die Leiter heruntersteigen, als daß sie sich durch das Rutschtuch retten bzw. in den Rettungsschlauch stopfen lassen. Sind die zu rettenden Personen durch Rauchgase betäubt, so ist bei Rettung über die mechanische Leiter Vorsicht geboten, da solche Menschen mitunter unruhig werden und große Kraftanstrengung an den Retter stellen.

Letztere beide Arten, Rutschtuch und Rettungsschlauch, sind überdies Rettungsmittel, die einen entsprechenden Zeitraum zu ihrer Befestigung bzw. Benutzung bedingen und können außerdem nur dort in Benutzung genommen werden, wo kein Rauch vorhanden bzw. zu befürchten ist, etwa in dem Falle, wenn in einem brennenden Fabrikgebäude die Arbeitskameraden in einen anderen Saal abgedrängt wurden und nun von hier aus ihre Rettung in Ruhe geschehen kann. Es ist des öfteren vorgekommen, daß der in Stellung gebrachte Rettungsschlauch durch unten herausschlagende Flammen verbrannt ist. Außerdem wird es bei den freiwilligen Feuerwehren nicht immer der Fall sein, daß Rutschtuch bzw. der Rettungsschlauch am

Anfang immer gleich mit zur Stelle ist. Ein weiterer Umstand, der dieses Rettungsmittel in seiner Anwendungsmöglichkeit beschränkt. Bei Benutzung dieses Rettungsmittels muß auch auf die Freileitungen Rücksicht genommen werden. In engen Straßen kann man sich bei Inanspruchnahme des Rettungsschlauches so helfen, daß man, indem derselbe senkrecht herunterhängt, diesen von unten nach oben zusammendreht und, nachdem die zu rettende Person eingeführt ist, langsam wieder aufdreht.

Das Sprungtuch ist das ultima ratio regis (Letzte Stütze des Königs) bei Anwendung der Rettungsmittel, also dann, wenn gar keine Zeit zu verlieren und äußerste Eile geboten ist. Die Stellung der das Sprungtuch haltenden Mannschaften muß so sein, daß dieselben den herabspringenden Körper sehen können, also nach innen, um zu erreichen, daß der springende Körper auch in der Mitte aufschlägt, das Sprungtuch also die richtige Stellung inne hat. Es wird sich hier und da manchmal nötig machen, daß der Brandleiter die Hilfe von Zivilpersonen in Anspruch nehmen muß, wenn nicht genügend Feuerwehrkameraden vorhanden sind. Es darf in solchem Falle aber nicht vorkommen, daß Zivilpersonen sich des Sprungtuches ohne Aufforderung bedienen, also ganz eigenmächtig handeln, wodurch schon viel Unheil infolge Unsachlichkeit herbeigeführt wurde. Die Bedienung soll in der Regel nicht unter 20 Mann betragen.

Wenn die herabspringende Person ziemlich auf das Sprungtuch aufschlägt, müssen die Muskeln aufs äußerste angespannt werden, jeder zieht nach rückwärts, damit das Tuch nicht zu schlaff ist.

Bei den im Ernstfalle geretteten Personen stellt sich durch Raucheinatmung, Angst u. dgl. meist Erbrechen oder Ohnmacht ein, aber auch Knochenbrüche können vorkommen, deshalb müssen sich die Sanitäter bei solchen Anlässen immer bereit halten, um die erste Hilfeleistung zu vollziehen.

Bei vorzunehmender Menschenrettung wird in allen Fällen die gleichzeitige Bekämpfung des Feuers darauf beschränkt werden müssen, daß Flammen und Rauch von den zu rettenden Personen abgehalten werden.

e) Angriffsweisen und Durchführung des Angriffs.

In der Feuerpraxis unterscheidet man:

1. Kleinfeuer oder Entstehungsfeuer;
2. Mittelfeuer oder entwickeltes Feuer;
3. Großfeuer oder vorgeschrittenes Feuer.

Die unter 1 genannten Feuer sind solche, die mit dem kleinen Löschgerät (Minimax, Kübelspritze) gelöscht werden. Zu ihrer Bekämpfung genügen meist nur wenige Mann oder sie sind beim Eintreffen der Wehr meist schon von den Hausbewohnern bzw. den Arbeitskameraden gelöscht, so daß sich die Feuerwehr nur darauf beschränken kann, sich davon zu überzeugen, daß ein Wiederaufflackern ausgeschlossen ist. Eine Untersuchung der Brandstelle durch Aufreißen der Dielen wird in den meisten Fällen vorgenommen werden müssen.

Die unter 2 genannten Feuer sind schon gefährlicherer Natur, da diese bereits mit 1 bis 2 Rohrleitungen bekämpft werden müssen, und mitunter die ganze Umsicht des Brandleiters erfordern, um eine katastrophale Weiterverbreitung zu verhüten.

Die unter 3 genannten Feuer verlangen oft schon im Anfangsangriff den Einsatz von mehreren Rohren, Einkreisung und Anspannung aller Kräfte, das Feuer auf seinen Herd zu beschränken. Solche Feuer sind Dachstuhl-, Stockwerks-, Treppenhaus-, Keller-, Laden-, Fabrik-, Scheunen- und Feimenbrände.

Es gibt nur zwei Arten des Angriffes:

1. den Innenangriff;
2. den Außenangriff.

In allen Fällen der Brandbekämpfung muß versucht werden, zuerst den Innenangriff durchzuführen, was bei dem heutigen Stande der Vervollkommnung der Gasschutzgeräte durchaus möglich ist.

Der Innenangriff ist nur von besonders im Gasschutz völlig vertrauten Kameraden auszuführen.

Unter offenbarer Lebensgefahr, nur des Löschens wegen waghalsig vorzugehen, wie man es bei passionierten Feuerwehrleuten beobachten kann, ist durchaus verwerflich. Menschenleben haben einen höheren Wert als Baulichkeiten oder sonstige Vermögensobjekte.

Der Innenangriff hat vielerlei Vorzüge. In der Hauptsache aber wird

1. durch diesen jeder unnötige Sach- und Wasserschaden vermieden;
2. kann durch diesen die Brandbekämpfung schneller und einfacher gestaltet werden.
3. die Treppen werden für die Angriffstrupps frei gehalten, sind also leichter begehbar;
4. wird nicht zu viel Schlauchleitung benötigt.

Es muß unter allen Umständen vermieden werden, den Wasserstrahl dorthin zu lenken, wo nur Rauch zu ehen ist; also nur bei sichtbarem Feuer Wasser geben. Die Folgen sind sonst katastrophale: Großer Wasserschaden, wofür es keinen Schadenersatz gibt, und der betr. Feuerwehr wenig Ruhm einbringt.

Es kann aber, je nach Sachlage, auch zu gleicher Zeit der Außenangriff durchgeführt werden. Hierbei ist zu beachten, daß beide Angriffsweisen gut zusammenarbeiten und vom Brandleiter geführt werden müssen. Die Angriffstrupps, die den Innenangriff durchführen, gehen zweckmäßig gut ausgerüstet vor. Mitzunehmen sind: Sauerstoffgerät, das kleine Löschgerät (Eimerspritze oder Minimax), gerollter Schlauch, Strahlrohr, Axt, Schlauchleine. Als natürliche Angriffswege werden zumeist die Treppenhäuser zu benutzen sein, da sie die sichersten Zugänge zu den Räumen bilden. Zum Abschneiden und Umfassen des Feuers kommt das Vorgehen über Leitern oder von Nachbargrundstücken aus in Betracht. Mitunter können Durchbrüche durch Dächer, Brandmauern und andere Scheidewände wertvolle Angriffswege bieten oder den Angriff dadurch fördern, daß sie dem Qualm Abzug verschaffen.

Beim Innenangriff sollen stets mehrere Mann vorgehen, die normale Stärke beträgt sechs Mann. Ist der Brandherd gefunden, so gibt der Führer des Angriffstrupps die Mitteilung durch die Verbindungsleute zur Brandleitung. Am Brandherd selbst verbleiben zwei bis drei Mann, je nach Sachlage, während die übrigen zur Ablösung bereitstehen, für Rauchabzug sorgen und die Führungsleine beaufsichtigen und in Ordnung halten, damit bei einem evtl. schnellen Rückzug keine unnötigen Hindernisse vorhanden sind und dieser glatt vonstatten gehen kann.

Die Türen zu brennenden Räumen müssen geschlossen gehalten und dürfen nicht eher geöffnet werden, als bis man zum Angriff bereit ist. Wenn die zum Brandherd führenden Türen verschlossen sind, so sind möglichst die Schlüssel herbeizuschaffen; denn das Aufschließen der Türen mit dem Schlüssel geschieht dann meistens schneller als das gewaltsame Aufbrechen, besonders in verqualmten Treppenhäusern. Zudem bleibt die Tür beim Öffnen mit dem Schlüssel immer unverletzt, sie kann also in jedem Augenblick wieder geschlossen werden.

Wenn der Angriffstrupp den Brandherd gefunden hat, so hat auch dieser für den Abzug des Qualms besonders Sorge zu tragen, da er das Sehen, also das Erkennen der Lage erschwert.

In vielen Fällen hat die mechanische Leiter schon allein dadurch ihren Zweck erfüllt, daß sie von außen her Abzug für den Qualm schafft, etwa durch Öffnen oder Einschlagen hochgelegener Fenster oder Herstellen von Öffnungen in Dächern u. dgl. Die mechanischen Leitern sind nur soweit auszuziehen, daß sie nicht unnötig weit über das Dach hinausragen, weil sie sonst durch herausschlagende Flammen leicht beschädigt werden können. Wird ein Angriff mit Hakenleitern oder Steckleitern ausgeführt, so ist Vorsicht beim Einschlagen von Fensterscheiben geboten. Sobald das Herabfallen von Glasscherben, Dachschiefern oder dgl. wahrgenommen wird, ist es unter allen Umständen zu vermeiden, den Blick nach oben zu wenden, da sonst leicht das Gesicht, insbesondere das Auge, verletzt werden kann. Die Hände sind zum Schutze unbedingt dicht am Körper zu halten. Zum Einschlagen von Fensterscheiben ist nicht die ungeschützte Hand zu benutzen.

Ist nur ein Außenangriff möglich, so z. B. bei niedrigen Wohnhäusern, Bränden von Bauerngütern usw. und sind die Löschmittel vorläufig noch beschränkt, so vollzieht sich die Löschtätigkeit zunächst verteidigend

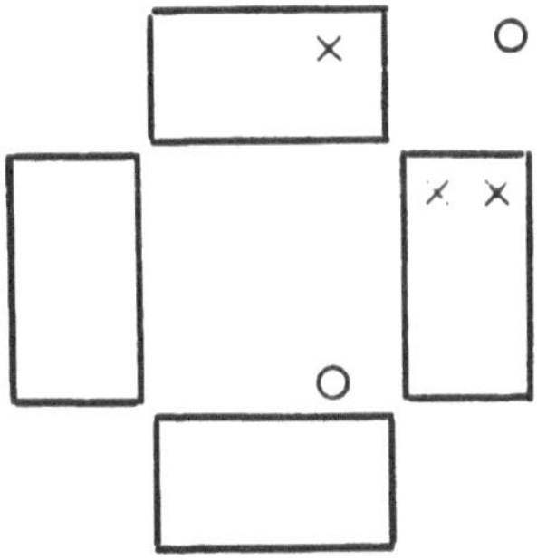

Darstellung eines brennenden Bauernhofes. × Brennendes Gebäude. ○ Aufstellung der Rohrführer. × × Zu schützendes Gebäude.

oder angriffsweise. Nicht selten wird beides miteinander vereinigt werden können. Ist die Gefahr für eine Weiterverbreitung eine dringende, so muß nach der gefährdeten Seite eine Verteidigungsstellung eingenommen werden, indem man die hier sich entwickelnde Glut möglichst zu dämpfen und die dem Anbrennen ausgesetzten benachbarten Baulichkeiten durch kräftiges und wiederholtes Annässen gegen das Feuerfangen zu schützen sucht. (Siehe Skizze.) Der Rohrführer muß sich in diesem Falle so geschickt aufstellen, daß ihm beides möglich ist, ohne aber auch von der Hitze belästigt zu werden. Wenn möglich, soll er sich in gleicher Höhe mit dem Feuer bringen, indem er von einer, wenn auch kleinen Leiter aus, den Löschstrahl in die Glut sendet.

f) Stichflammen und andere Gefahren.

Daß der Innenangriff besondere Gefahren in sich birgt, ist verständlich. Der gute Feuerwehrmann muß diesen zu begegnen wissen. Außer den Gasgefahren, die unter „Gasschutz“ behandelt wurden, ist es die Stichflammengefahr, der besondere Aufmerksamkeit zu widmen ist.

Der Verfasser hat selbst einmal durch Stichflammen im Gesicht und Händen Brandwunden erlitten. Der erfahrene Feuerwehrmann erkennt die Vorboten der Stichflammenbildung an feurigen Wirbelungen im Rauch. Aber auch plötzlich aufkommender schwarzer Rauch deutet Stichflammengefahr an. Hat ein Feuer lange geschwelt, so haben sich dadurch oft Gase entwickelt, die bei Zutritt von frischem Luftsauerstoff Stichflammen erzeugen. Diese entwickeln eine ganz außerordentliche Hitze (über 1000 Grad), pflanzen sich explosionsartig fort und setzen schlagartig den ganzen Raum in Flammen. Durch Wassergeben können Stichflammen weder abgeschnitten, noch gelöscht werden; das einzige Rettungsmittel für die Angreifenden ist Hinwerfen, so daß die Flammen über den Körper hinwegschießen. Bei brennendem Dachgeschoß schlagen Stichflammen auch in das Treppenhaus hinab. In solchen Fällen haben die Angreifenden sich gegenseitig auf die Gefahr aufmerksam zu machen.

Es sind überhaupt nicht nur alle Kameraden verpflichtet, sondern es zeugt von einem guten Kameradschaftsgeist, wenn gegenseitig auf sich herausstellende Gefahrenmomente aufmerksam gemacht wird, die zu Unfällen führen können, ebenso auch Wahrnehmungen, die sich auf Weiterverbreitung des Feuers beziehen. Diese sowohl als Einsturzgefahren, Auffinden gefährlicher Stoffe, elektrischer Leitungen usw. sind sofort an die Brandleitung weiterzugeben. Ist bei solchen Gefahren schnelles Handeln erforderlich, so sind selbständig alle Maßnahmen zur Abwehr zu treffen.

Wenn über das Feuer gegangen wird, so besteht die Gefahr, daß die Trupps durch angebrannte Decken oder Dächer durchbrechen oder daß ihnen der Rückzugsweg durch Feuer abgeschnitten wird. Es sind also besondere Maßnahmen zur Sicherung erforderlich, wie z. B. Anseilen, Mitnehmen von Leitern, Vornehmen besonderer Schlauchleitungen usw. Jedenfalls darf ein solches Vorgehen über das Feuer nur mit Wissen des Oberleitenden oder zum mindesten benachbarter Angriffstrupps erfolgen, damit die erforderlichen Sicherheitsmaßnahmen getroffen werden können.

4. Die Schlauchleitung.

Es ist bei Bränden öfters zu beobachten, daß für Arbeiten, die von wenigen Leuten ausgeführt werden können, die doppelte Zahl sich hierzu zur Verfügung stellt. Wenn dies auch ein gutes Zeugnis dafür ist, daß ein Interesse für „Arbeit“ vorhanden ist, so muß diesem Tatendrang durch den Führer gesteuert werden. Und es ist deshalb hier am Platze, darauf hinzuweisen, daß mitunter die ganze gute, auf dem Übungsplatz erlernte Erziehung vergessen wird und dadurch nur ein wildes Durcheinander entsteht. Daß derartiges keinen guten Eindruck auf den Zuschauer macht, ist wohl verständlich. Warum wird das auf dem Übungsplatz Erlernte, nicht auf Ernstfälle übertragen? Ein ruhiges, sachliches Arbeiten auf der Brandstelle erfordert einen kürzeren Zeitaufwand wie im geschilderten Falle.

Das Auslegen der Schlauchleitung mittels Schlauchwagen oder Schlauchhaspel erfordert nur 4 Mann Bedienung: Einen Wasserposten (Hydrant oder Spritze), der nach erfolgtem Schlauchlegen für Löschwasser sorgt, zwei Schlauchleger, die den Schlauch abrollen, und einen Ordner, der dafür sorgt, daß der Schlauch eben auf der Erde liegt (nicht spiralförmig), da dadurch Platzen der Schläuche usw. stattfinden kann.

Ist die Schlauchleitung für die mechanische Leiter bestimmt, so ist soviel Schlauch mehr abzuwickeln, wie notwendig ist, um ein müheloses Nachziehen bei Mehrbedarf durchführen zu können. Dadurch werden große Zeitverluste bei Schlauchverlängerungen vermieden.

Müssen Schläuche für den Innenangriff in höhere Geschosse vorgenommen werden, so geschieht dies am zweckmäßigsten außen an den Wänden mit Fangleinen, und sind hierzu nur ganz gute Schläuche zu benutzen, um Wasserschaden zu vermeiden (Siehe Innnenangriff).

Diese Art des Vornehmens läßt sich schneller und von weniger Leuten ausführen als das Hinauftragen in den Treppenhäusern und erfordert auch geringere Schlauchlängen. Ferner läßt sich die Schlauchleitung besser beobachten und es wird beim Platzen von Schläuchen Wasserschaden im Gebäudeinnern vermieden. In den Treppenhäusern ausgelegte Schläuche hindern auch meist den Verkehr der Angriffstrupps. Auch bei dieser Art des Vornehmens von Schlauchleitungen ist von vornherein vor dem Brandherd soviel Schlauchlänge auszulegen, daß der Schlauch von den vorgehenden Angriffstrupps mühelos nachgezogen oder ihnen nachgegeben werden kann. Hochgezogene Schläuche sind mittels Schlauchhalter an Treppengeländern, Leitersprossen, Fensterkreuzen oder dergleichen zu befestigen. Beim Auslegen der Schlauchleitungen ist von vornherein darauf Bedacht zu nehmen, daß die Schläuche nicht den Verkehr hemmen, daß sie nicht durch herabfallende Gegenstände durchschlagen werden und beim Aufräumen möglichst nicht umgelegt zu werden brauchen.

Erfordern es die Umstände, daß die Schläuche die Fahrbahn kreuzen, so sind dieselben durch Schlauchbrücken zu schützen.

Soll eine gute Löschwirkung erzielt werden, so ist nötig, daß am Strahlrohr noch ca. 3—4 Atm. vorhanden sind. Deshalb sind lange Schlauchleitungen zu vermeiden, da der Reibungsverlust, der an den Wänden der Schläuche entsteht, in Berücksichtigung zu ziehen ist.

Als Beispiel sei angeführt, daß, wenn ein 100 m langer Druckschlauch bei einer Schlauchweite von 52 mm (C-Schlauch) an der Pumpe oder Hydrant einen Druck von 9,2 Atm. hat und am Strahlrohr noch 4,7 Atm. vorhanden sind, ein Reibungsverlust von 4,5 Atm. entstanden ist, hingegen bei dem B-Schlauch (75 mm) bei gleichen Voraussetzungen ein Reibungsverlust von nur 1,1 Atm. entsteht.

Es dürfte deshalb ratsam sein, den B-Schlauch soweit wie möglich an die Brandstelle zu legen und dann erst zu gabeln.

Das Wassergeben darf erst dann erfolgen, wenn der Rohrführer seine richtige Stellung eingenommen und das Strahlrohr befestigt hat. Hat der Rohrführer seine Stellung auf einer Leiter, so ist dieses ganz besonders zu beachten. Am besten geschieht das Wassergeben erst nach erfolgtem Signal oder Zuruf.

5. Der Rohrführer

ist die Person, die die letzte Tätigkeit in der langen Reihe der Vorbereitungen, das Wasser an den Brandherd zu bringen, ausübt. Wenn man bedenkt, welche Mühen, Kraftaufwand, Schnelligkeit erst erforderlich waren, die Spritze fertig zu machen, Schlauch auszulegen usw., um endlich soweit zu sein, daß das Wasser durch das Strahlrohr in den Brandherd zischt, so ist die Rohrführung eine der wichtigsten Phasen bei der Feuerbekämpfung. Die Rohrführer müssen ganz ausgesuchte Leute sein, die diesen wichtigen Posten auch auszuführen imstande sind. Bekanntlich drängeln sich an diese Posten oft Kameraden, die als Rohrführer ganz ungeeignet sind und die größten Kindereien mit dem Strahlrohr begehen, die das Publikum oder auch den gegenüberstehenden Kameraden „einseifen" und Feuer Feuer sein lassen. Denn es kann nicht gleichgültig sein, ob, sondern wie das Wasser in den Brandherd befördert wird. Auf dem Rohrführer lastet gewissermaßen eine ungeheure Verantwortung, da er oft selbständig handeln muß. Er steht, wie die Kampftruppe, in vorderster Linie. Und wie die Kampftruppe ihre Munition sparsam, aber auch mit Erfolg und

Überlegung verwendet, um den Sieg davonzutragen, so muß auch der Rohrführer seine ganze Intelligenz aufbieten, um seine „Munition“, das Wasser, richtig anzuwenden und nicht sinnlos zu verschwenden. Die Kampftruppe im Kriege wurde aus der Etappe genährt. Der Rohrführer erhält seine „Munition“ auch aus der Etappe, oft von weit her, ob das nun aus Teichen, Flüssen, Wasserleitung, durch Kraft- oder Handspritzen, Hydranten geschieht, bleibt sich in jedem Falle gleich.

Die schon erwähnte Verschiedenartigkeit der Brandfälle läßt nicht zu, dem Rohrführer bindende Anweisungen zu geben, er muß, wie schon erwähnt, selbst den richtigen Weg zu finden bestrebt sein, um zum Ziele zu gelangen. Aber in der langen Reihe der Brandfälle haben sich doch verschiedene Punkte herausgeschält, die geeignet sind, dem Rohrführer mit auf den Weg gegeben zu werden und ihm bei seiner schweren und doch schönen Arbeit richtunggebend zu sein.

Ist ein Gebäude nicht mehr zu retten, so muß sich die Brandleitung darauf beschränken die Nachbarschaft zu schützen, um ein Übergreifen auf andere Gebäude zu vermeiden, so kann das stärkste Strahlrohrmundstück Verwendung finden. Zu beachten ist hierbei die Windrichtung. Die Stellen (Wände, Dächer), denen der Wind zustrebt, sind des öfteren durch Löschwasser anzunässen. In früheren Zeiten, wo die Löschmittel noch ganz ungenügende waren und die Gebäude aus Holz, die Bedachung aus Stroh und Schindeln bestand, half man sich so, indem man große nasse Tücher an den Wänden und auf den Dächern ausbreitete.

Wird die Hitze stark und gefährlich für Nebengebäude, so kann man sich auch durch den sogen. „Wasserschleier" helfen, den man zwischen das brennende Objekt und die zu schützenden Nebengebäude legt. Man bringt, je nach Lage der Sache, ein oder mehrere Strahlrohre in Stellung, die das Wasser einfach in die Senkrechte geben. Das dann zwangsläufig wieder herniederrieselnde Wasser nennt man „Wasserschleier" und hat den Zweck, die heiße Luft abzukühlen. Selbstverständlich müssen dem Rohrführer bei seiner schweren Arbeit auch die nötigen Hilfsmittel gegen strahlende Hitze zur Verfügung stehen, wie: Gasmaske, Asbestanzug, Asbesthandschuhe und Asbestschirme. Sind letztere nicht vorhanden, so kann man sich auch durch abgehobene Türen schützen.

Wenn beim Innenangriff mit Schlauch vorgegangen wird, so darf der brennende Raum nicht eher betreten werden, als bis das Wasser am Strahlrohr steht. Die Türen sind solange geschlossen zu halten. Sie müssen auch weiterhin stets gangbar und im Auge behalten werden, damit sie bei Explosions- und Stichflammengefahr **schnell geschlossen** werden können. Wenn die örtlichen Verhältnisse es irgendwie gestatten, haben die Rohrführer sich so aufzustellen, daß sie sich in gleicher Höhe mit den brennenden Gegenständen befinden oder höher, gegebenenfalls auch tiefer. Jedenfalls sind die brennenden Objekte immer von unten nach oben abzulöschen. Frühzeitig sind Anordnungen zu treffen, daß dem Rauch schnell Abzug verschafft wird.

Das Vorgehen gegen den Herd des Feuers geschieht

am besten in gebückter Stellung oder kriechend, weil die frische Luft in der Nähe des Fußbodens dem Feuer zuströmt und daher hier sowohl Qualm und Hitze geringer sind als in den höheren Schichten. Auch ist hier die Gefährdung durch Stichflammen geringer. Man muß immer so nahe an das Feuer herangehen, daß der volle Strahl gegen die brennenden Gegenstände voll zur Wirkung kommt. Der Strahl ist von vornherein nicht auf größere Flächen zu verteilen, sondern immer nur auf **einzelne bestimmte** Punkte der brennenden Gegenstände zu richten. Kein Punkt darf eher verlassen werden, als bis er vollständig gelöscht ist.

Erfolgt der Angriff von außen über Leitern, etwa durch Fenster, so ist dieser nur statthaft, wenn man wirklich mit dem vollen Strahl nahe genug an den Brandherd gelangen kann. Auch hier muß der Rohrführer den Schlauch mit dem Schlauchhalter befestigen, um beide Hände frei zu bekommen. Weiter muß darauf geachtet werden, daß der Schlauch auf der Leiter in der Mitte liegt. Durch Wassergeben von oben herab, durch Öffnungen im Dach in brennende Bodenräume wird nicht nur der natürliche Abzug des Qualmes durch diese Öffnungen nach außen verhindert, sondern es werden meistens Rauch und Hitze den im Treppenhause vorgehenden Trupps entgegengetrieben, so daß der Angriff dieser Trupps sehr erschwert wird. Dieses Wassergeben vom Dach aus ist also nur in Ausnahmefällen gerechtfertigt. Weiter ist es ganz zweck- und sinnlos, Wasser dorthin zu geben, wo keine offene Flamme, sondern nur Rauch vorhanden ist. Aus der

Beschaffenheit der abziehenden Dämpfe läßt sich vielfach der Fortschritt des Angriffs erkennen. Bestehen diese Gase vorwiegend aus weißlichem Wasserdampf, so deutet das darauf hin, daß hier das Feuer im Erlöschen ist, während das Aufsteigen von Qualm solche Stellen kennzeichnet, an denen das Feuer noch fortbrennt. Auf Grund dieser Merkmale kann der Rohrführer das Wassergeben an solchen Stellen, wo Wasserdampf abzieht, einstellen, um den anderen Trupps das Vorgehen zu erleichtern, da Qualm und Hitze dorthin gedrängt werden, wo das Wassergeben unterbrochen ist.

Den Freileitungen müssen die Rohrführer die allergrößte Beachtung beim Außenangriff schenken, da diese Leitungen, auch wenn isoliert, schadhafte Stellen haben können. Der auf der Erde stehende Feuerwehrmann wird bei Führung des Strahlrohres dadurch elektrisiert, daß dieser durch Vermittlung des Wasserstrahles von der angespritzten Lichtleitung aus unter Spannung gerät. Nicht selten ist dadurch der Tod herbeigeführt worden. Darum Vorsicht! (Siehe auch „Abschneiden elektrischer Leitungen".)

Im Innern von Gebäuden, ganz besonders in Wohnräumen, darf nur im äußersten Notfall mit starken Rohren Wasser gegeben werden, also z. B. in Kellern, wenn ein Wasserschaden nicht zu befürchten ist, oder wenn besondere Gefahrsmomente dazu zwingen, z. B. wenn Menschenrettung es erfordert. Selbst mit schwachen Rohren soll nur dann mit vollem Strahl gearbeitet werden, wenn voll entwickeltes Feuer angetroffen wird. Vielfach wird das Sprühen mit dem Strahl schon ausreichen. Es ist unter allen Umständen zu vermeiden, daß unnötiger Wasserschaden entsteht.

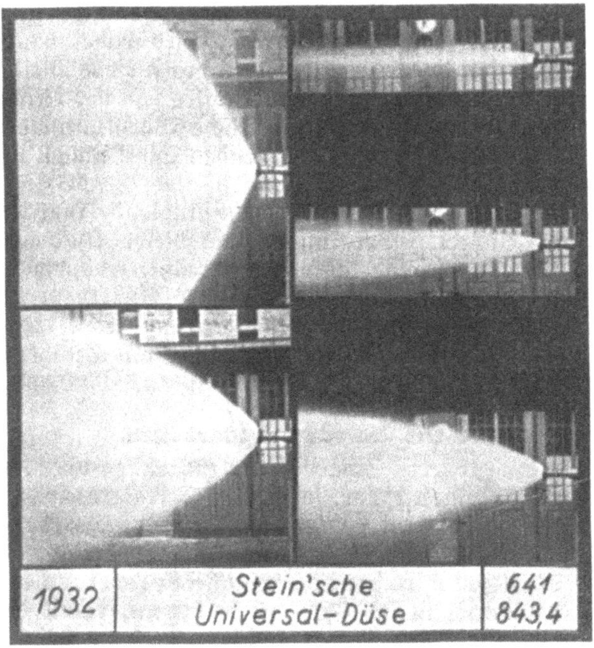

(Bild: Rheinmetall, Sömmerda.)

Eine bemerkenswerte wichtige Neuerung für Strahlrohrmundstücke sind die Strahlregler für Sprüh- und Schleierstrahl, die von verschiedenen deutschen Firmen in unbedeutenden Abweichungen hergestellt werden und von 0 Grad bis 180 Grad leicht verstellbar sind. Durch diese eigenartige und einfach zu bedienende Düse ist ein neues, wirkungsvolles Löschverfahren nur mit Wasser ohne jedes chemische Hilfsmittel geschaffen. Die Wirkung wird dabei hauptsächlich erzielt durch das Absperren des für das Weiterbrennen erforderlichen Luftsauerstoffes von der Brandstelle und durch die außerordentliche Wärmeaufnahme der Wassernebel, die den brennenden Stoff schnell und stark abkühlen.

Der Strahlrohrführer ist gegen strahlende Hitze und Rauch gesichert. Bei Anwendung dieser Düse wird eine schnelle Brandbekämpfung erreicht, wodurch der Löschwasserschaden vermindert wird. Außerdem läßt sich durch diese Düse der Wasserzufluß selbst regeln und ohne besondere Absperrvorrichtung am Strahlrohr auch völlig abstellen.

6. Die Aufräumungsarbeiten.

Ist ein größeres Schadenfeuer entstanden oder liegt gar ein Totalbrand vor, so ist bald der Gerätewagen, der das nötige Werkzeug für Aufräumungsarbeiten enthält, an den Brandplatz heranzuholen. Das nach dem Ablöschen mitunter noch glimmende und rauchende Brandmaterial ist ins Freie zu befördern, damit dem Feuer weitere Nahrung entzogen und einem Wiederentzünden vorgebeugt wird. Das gründliche Ablöschen der kleinen Brandnester ist dann die nächste Arbeit, die am besten mit dem kleinen Löschgerät geschieht.

Das Niederreißen von Brandmauern, Schornsteinen u. dgl. ist nur dann vorzunehmen, wenn eine Einsturzgefahr vorhanden ist. Die manchmal beliebte Methode des Einreißens von stehengebliebenen und vom Feuer verschonten Gebäuden oder Schuppen u. dgl., was oft an Vandalismus grenzt, ist streng verboten und schadet dem Volksvermögen. Außerdem kann dies noch zu kriminellen Verwicklungen führen.

Liegt ein Totalbrand vor, so ist alles noch brennbare Material, wie Balken, Möbelstücke u. dgl., von den stehengebliebenen Nebengrundstücken gründlichst zu entfernen, da es vorgekommen ist, daß durch Wiederaufflackern eine nicht gewollte Weiterverbreitung des Feuers stattgefunden hat. Ein gründliches Aufräumen der Brandstelle ist streng durchzuführen.

Frühzeitig sind in die Räume unter dem Brandherd Trupps mit Geräten zum Auffangen und Beseitigen von durchsickerndem Wasser zu entsenden. Wenn das Wasser durch den Deckenputz zu dringen beginnt, so werden an den Stellen, wo das Abtropfen stattfindet, kleine Löcher in den Deckenputz gestoßen. Nach diesen Löchern zieht sich das Wasser hin, läuft hier ab und kann bequem aufgefangen werden. Die Wohnungseinrichtung ist entweder durch Abdecken vor Wasser zu schützen oder aus der Wohnung zu entfernen.

7. Starkstromleitungen.

Trotz wiederholt gegebener Aufklärungen über das Verhalten Freiwilliger Feuerwehren bei Bränden in der Nähe elektrischer Starkstromanlagen werden immer wieder Starkstromleitungen abgeschnitten. Die Wartung und Bedienung von Hoch- und Niederspannungsleitungen bedarf genauer Kenntnisse von berufener Seite, die ein Feuerwehrmann nie aufbringen kann.

Deshalb muß es der Feuerwehr untersagt bleiben, an Hochspannungsleitungen irgendwelche Arbeiten vorzunehmen. Wenn nicht Elektriker in den betr. Orten vorhanden sind, ist die nächste Bezirksstelle des zuständigen Elektrizitätswerkes anzurufen. Jegliche Berührung mit Hochspannungsleitungen, gleich, ob sie **direkt** mit bekleideten und unbekleideten Körperteilen oder **indirekt** durch Löschgeräte oder einen Wasserstrahl erfolgt, führt immer zu schweren Verletzungen, Bewußtlosigkeit, oft aber zum sofortigen Tode. (Siehe Strahlrohrführung.)

Niemals darf der Versuch gemacht werden, eine herabhängende Hochspannungsleitung durch Abschneiden unschädlich zu machen. Ein solches Beginnen würde immer für den Ausführenden die schlimmsten Folgen haben; denn die Isoliervorrichtungen an den Werkzeugen der Feuerwehrelektriker sind für Arbeiten an Hochspannungsleitungen vollständig ungenügend. Sogar nur die Annäherung an herabgefallene Hochspannungsleitungen kann zu Unfällen Anlaß geben.

Die Feuerwehren werden bei ihrer Tätigkeit weit häufiger Niederspannungsfreileitungen vorfinden, die der örtlichen Licht- und Kraftversorgung dienen. Die Niederspannungsleitungen besitzen im allgemeinen nicht die Gefährlichkeit der Hochspannungsleitungen, aber die Ansicht, daß das Berühren von Niederspannungsanlagen ungefährlich ist, ist ein weitverbreiteter, aber sehr bedauerlicher Irrtum. Deshalb haben ob dieses Irrtums die Niederspannungsleitungen durch ihre größere Verbreitung und Zugänglichkeit bei Nichtfachleuten mehr Opfer gefordert als Hochspannungsanlagen.

Der Führer, der ein Abschneiden von Starkstromleitungen anordnet oder nur duldet, kann sich bei Eintritt eines Unfalles noch einer strafrechtlichen Verfolgung aussetzen.

Das Abschneiden von Starkstromleitungen, die zu dem von einem Brande betroffenen Gebäude führen, ist auch keineswegs notwendig; denn Niederspannungsleitungen können ohne jegliche Gefahr angespritzt werden, wenn dies bei einem Abstand von 3—4 m zwischen Strahlrohr und Leitung erfolgt und reines, nicht etwa mit Jauche vermischtes Wasser Verwendung findet.

Zusammenfassend gelten folgende Bestimmungen:

1. Die Feuerwehr muß an Starkstromleitungen alle selbständigen Eingriffe unterlassen.
2. Die Feuerwehr darf Leitungen nicht abschneiden:
   a) an Hochspannungsanlagen, auch wenn Leitungsdrähte herabhängen;
   b) da meistenteils der Strahlrohrführer mit der festen Erde in Verbindung steht, ist es möglich, daß in oben angeführtem Falle tödliche Unfälle bei 48 Volt Berührungsspannung vorkommen können;
   c) an Fahrleitungen von Bahnen und deren Aufhängedrähten;
   d) an Niederspannungsnetzen, wenn sie noch ordnungsmäßig gespannt sind oder wenn bei herabhängenden Leitungen besondere Gefahr nicht vorliegt. Als Niederspannungsleitungen bezeichnet man Leitungen bis 380 Volt.

Sollten aber herabhängende Drähte den Verkehr und die Löscharbeiten hindern, ist der Feuerwehr das Abschneiden von Niederspannungsleitungen gestattet; hierbei muß aber, wegen der Berührungs- und Umbruchsgefahr der Masten oder Ständer, das Besteigen der Leitungsgestänge vermieden werden.

Möge dieser kurze Beitrag genügen, daß in Zukunft Unfälle durch unberechtigte Eingriffe nicht mehr vorkommen.

Brandschaden ist Landschaden!

Berliner Feuerwehr bekämpft ein Großfeuer. (Bild: Magirus.)

Die verschiedenen Löschmittel und ihre Anwendung bei Bränden besonderer Art.

1. Wasser.

Das Universal-Löschmittel der Feuerwehr ist das Wasser, und zwar nicht nur deshalb, weil das Wasser fast überall in genügender Menge zur Verfügung steht und dabei das billigste Löschmittel ist, sondern auch deshalb, weil das Wasser eine ganz hervorragende Löschwirkung hat. Es wirkt erstens durch Abkühlung, zweitens durch Erstickung. Die abkühlende Wirkung des Wassers ist größer, als die aller anderen Stoffe. Auch wenn das Wasser in dem glühenden Brandherd bis zum Sieden erhitzt ist, hat es dadurch an abkühlender Wirkung nicht viel verloren. Denn es macht keinen großen Unterschied aus, ob man glühende Stoffe von etwa 1000° Temperatur mit Wasser von 10° oder 100° in Berührung bringt. Wenn das Wasser im Brandherd schließlich verdampft, so entzieht es seiner Umgebung beim Verdampfen weitere große Wärmemengen, d. h. es wirkt weiter stark abkühlend. Auch der Dampf selbst wirkt abkühlend und auch erstickend, indem er den Luftzutritt zu den brennenden Teilen behindert. Das Wasser wirkt erstickend, indem es beim Überströmen über die brennenden Gegenstände die Luft abschließt. Am stärksten ist die Wirkung, wenn man einen brennenden Gegenstand völlig im Wasser untertaucht. Dadurch wird erreicht, daß das Wasser an alle glühenden Teile gelangt und die Luft dauernd abgeschlossen wird. Hiervon wird häufig beim Ablöschen von glühenden Preßkohlen Gebrauch gemacht.

2. Schaum-, Naß- und Trockenlöscher.

a) Brände von Mineralölen.

Während bei allen feuergefährlichen Flüssigkeiten, die sich mit Wasser mischen, wie z. B. Spiritus und Alkohol, das beste Löschmittel Wasser ist, so sind bei denjenigen feuergefährlichen Flüssigkeiten, die sich nicht mit Wasser mischen, sondern auf der Oberfläche schwimmen, wie z. B. die Mineralöle, andere Löschmittel als Wasser anzuwenden. Wenn es sich um geringe Mengen dieser Flüssigkeit handelt, wird man im allgemeinen mit einem Lappen oder Decke, mit Sand oder durch Abschließen des brennenden Gefäßes mit einem Deckel, mehr Erfolg haben.

Zur Bekämpfung von Mineralölbränden sind im Prinzip geeignet die

Schaumlöscher.

Diese stellen heute, nach jahrelangen Versuchen, eine große Errungenschaft auf dem Gebiete der Feuerbekämpfung dar.

Die Schaumlöscher werden in größeren Geräten (Spritzen) und kleineren Geräten, Kübelspritzen genannt, gebaut und haben nach Überwindung von den früheren Nachteilen ihren Siegeszug angetreten. Die Kübelspritzen, die auch von den Feuerwehren auf ihren Fahrzeugen mitgeführt werden, stellen das Idealgerät für Werk- und Hausfeuerwehren beim Luftschutz dar. Die Nachteile bestanden

Kombiniertes Schaum- und Wasserlöschgerät. (Bild: Flader.)

1. darin, daß der frühere Schaum eine chemische Substanz darstellte, die schädliche Rückstände hinterließ, während der jetzige Schaum ein mechanischer ist,
2. zu teuer war (1 cbm kostete 20—30 RM).

Der Vorteil des jetzigen Schaumes besteht darin, daß die Kosten außerordentlich gering sind. (1 cbm 40 bis 70 Pfg.) Bei den neuesten Schaumgeräten sind die unter 1 und 2 genannten Nachteile in Wegfall gekommen. Beide Systeme können wahlweise auch auf Wasser umgestellt werden und sind diese heute von fast allen deutschen Kraftspritzenfabriken, besonders bei Kleinkraftspritzen als kombiniertes Gerät, herausgebracht worden. Man kann ruhig die Behauptung aufstellen, daß wir mit Einführung dieses modernen Löschmittels an einem Wendepunkt der gesamten Feuerlöschmethoden stehen.

Schaumlöscher. (Bild: Flader.)

Außer den Mineralölen können Öl, Teer, Lack, Fett, Karbid, elektrische Anlagen u. a. mit Schaum abgedeckt werden. Aber auch in allen Fällen, wo Wasserschaden aufs bestimmteste vermieden werden muß, oder wo W a s s e r m a n g e l herrscht, kann die kombinierte Kraftspritze durch einfaches Umschalten mechanischen Schaum liefern.

Der mechanische Schaum = Luftschaum, besteht aus 91 Teilen Luft, 8,975 Teilen Wasser und 0,025 Teilen Schaumextrakt. Der Schaumextrakt wird in einem Behälter, der analog dem Benzinbehälter angeordnet ist, mitgeführt. Das für den Schaum erforderliche Wasser wird von der Zentrifugalpumpe selbst aus einem Wasserlauf, Teich, Hydranten, Wasserbehälter oder Wasserwagen angesaugt.

Die Löschwirkung ist darin begründet, daß durch den Schaum der Luftsauerstoff keinen Zutritt mehr zu den brennenden Gegenständen hat und das Feuer zum Erlöschen kommen muß. Der Schaum besitzt außerdem eine große Zähigkeit, hält sich stundenlang und haftet an senkrechten und waagerechten Flächen gleich gut. Gefährdete Objekte können durch Bedecken mit Schaum vor Entzündung geschützt werden.

Bei den Schaumlöschspritzen ist im allgemeinen ein besonderes Schaumrohr nicht nötig. Es wird ein einfaches zylindriges Strahlrohr verwendet, welches man hauptsächlich bei Innenbränden benutzt, während man bei Behälter-, Tank- und Ölbränden in der Hauptsache das sogenannte Gießrohr verwendet.

Das Strahlrohr ist deshalb zylindrig konstruiert,

damit der Schaumstrahl geschlossen, also mehr wurstartig verspritzt wird, während das Gießrohr eine weite Ausflußöffnung hat und vorn im Winkel umgebogen ist, damit es evtl. bei Behälterbränden über den Rand gehängt werden kann.

Bei den neueren Schaumspritzen ist es auch von großem Vorteil, jeden Schlauch, auch den schlechtesten, der normalerweise für Wasser nicht mehr tauglich ist, verwenden zu können, ohne befürchten zu müssen, daß etwaiger Schaden entsteht.

Obwohl das Schaumlöschverfahren immerhin noch bedeutend teurer ist, als das des Wassers, wird der erfahrene Feuerwehrführer dieses neue Löschverfahren immer dort zur Anwendung bringen, wo der evtl. Wasserschaden diesen kleinen Nachteil aufwiegt, vorausgesetzt natürlich, daß die betr. Gemeinde in der Lage ist, die Anschaffung vorzunehmen.

Sind nun Schaumlöschgeräte bei Mineralölbränden nicht vorhanden, so eignen sich auch hierzu, wenn es sich um kleine Brände handelt, die Trockenlöscher und Tetrachlorkohlenstofflöscher, die allerdings eine begrenzte Wirkung haben. Handelt es sich aber um größere Mineralölbrände, so bleibt dann nur die Anwendung von Wasser übrig, denn die Erfahrung hat gelehrt, daß auch bei Mineralölbränden die Anwendung von Wasser in genügender Menge zum Ziele führt.

Wenn die Dämpfe von Mineralölen, besonders solche der Gefahrenklasse I, z. B. Benzin, in einem bestimmten Verhältnis mit Luft gemischt sind, bilden sie ein explosibles Gemenge. Mit dem Ablöschen brennenden

Benzins ist daher die Gefahr keineswegs beseitigt. Während beim Brande selbst die brennbaren Benzingase sofort mit verbrennen, nimmt nach der Ablöschung

Die Motorspritze arbeitet mit Wasser. (Bild: Flader.)

des Feuers die Gefahr der Bildung eines explosiblen Gemisches zu, bis jeder Funken im brennenden Raum, durch den das Gemisch zur Entzündung kommen könnte, gelöscht ist.

b) Brände in elektrischen Anlagen.

Bei Bränden in elektrischen Anlagen ist Wasser als Löschmittel zu vermeiden. Maschinen, Transformatoren,

Die Motorspritze arbeitet mit Schaum. (Bild: Flader.)

Anlagen in Telephon- und Telegraphenämtern können durch Wasser sehr beschädigt werden. Bei Starkstromanlagen besteht außerdem die Möglichkeit, daß der Löschende selbst durch Stromübergang gefährdet wird.

Bei Maschinen ist Sand unbedingt zu vermeiden; es dürfen nur sandfreie Trockenlöscher, Kohlensäure usw. verwendet werden. Im übrigen darf in elektrischen Anlagen trockener Sand zum Löschen benutzt werden. Ein im Prinzip für elektrische Anlagen sehr geeignetes Löschmittel ist der Tetrachlorkohlenstoff. Dabei ist zu beachten, daß bei den z. Zt. handelsüblichen Tetraapparaten die Verwendung von säurehaltigen Treibmitteln ähnliche Gefahren, wie die Anwendung von Wasser im Gefolge haben kann. Es ist zu hoffen, daß dieser Fehler der meisten Tetraapparate durch weitere Vervollkommnung bald beseitigt wird. Es ist deshalb anzuraten, den Tetralöscher nicht bei Bränden in engen, geschlossenen Räumen zu verwenden, aus denen die löschenden oder sonst beschäftigten Personen wegen Vergiftungsgefahr nicht rasch genug entweichen können. Das geeignetste Mittel jedoch ist jetzt der Schaum.

c) Löschen von Elektron- und Magnesiumbränden.

Bei brennendem Elektron oder Magnesium ist das Wasser als Löschmittel zu vermeiden. Elektron ist eine dem Aluminium im Aussehen ähnliche, silberweiße Magnesiumlegierung, die in pulverförmigem oder späneartigem Zustande leicht brennbar ist. Ein Mittel, brennendes Elektron zu löschen, ist z. Zt. nicht bekannt. Durch den Hinzutritt von Wasser wird die Verbrennung von Elektron heftig gesteigert. Die Masse wird explosionsartig umhergeschleudert, wobei die in der Nähe befindlichen Personen gefährdet sind. Auch noch nicht in Brand geratene Elektronabfälle sind gegen Durchnässung zu schützen, da sie in nassem Zustande leichter in Brand geraten. Bei Elektronbränden ist das in der Nähe liegende, vom Brande noch nicht ergriffene Elektron zu entfernen. Die beim Luftschutz erwähnten Elektronbomben bestehen aus dem gleichen Material. Stehen Asche und trockener Sand in ausreichender Menge zur Verfügung, so können sie zur Abdeckung verwendet werden, um die strahlende Hitze zu mildern. Eine Ablöschung ist jedoch hiermit nicht zu erzielen.

d) Kalziumkarbid

darf bei Löscharbeiten ebenfalls nicht mit Wasser in Berührung kommen, da bekanntlich bei Hinzutritt desselben das brennbare und explosible Azetylengas entsteht. Wenn möglich, Schaumlöscher.

e) Löschen von Öl oder Fett.

Bei Öl- oder Fettbränden ist das Löschen mit Wasser zu vermeiden. Versucht man z. B. Öl oder Fett, das in einem Gefäß brennt, mit Wasser zu löschen, so sinkt das Wasser wegen seines größeren Gewichts unter die brennende Oberfläche und verdampft sofort, weil Öl und Fett einen bedeutend höheren Siedepunkt als Wasser haben. Der übermäßig schnell sich entwickelnde Dampf kann die brennende Masse umherschleudern und dadurch in der Nähe befindliche Personen gefährden oder das Feuer auf die Umgebung übertragen. Es kann zu explosionsartigen Erscheinungen führen, wenn der Dampf am Entweichen behindert wird, wie es z. B. der Fall sein würde, wenn Wasser in das Innere eines glühenden Schlacken- oder Kohlenhaufens gelangt, etwa durch Hineinstecken des Strahlrohrs. Nach Erreichung einer gewissen Spannung wird die glühende Masse plötzlich auseinandergeschleudert. Außer der Dampfentwicklung kann es bei glühenden Stoffen, deren Temperatur über 600° beträgt, das ist die Temperatur der dunklen Rotglut, noch zur Bildung des explosiblen Knallgases kommen, in dem der Dampf sich in seine Bestandteile, Sauerstoff und Wasserstoff, zersetzt. Derartige Stoffe sind glühendes Eisen, geschmolzenes Metall, glühende Schlacken, brennende Kohlenhaufen. Man wird daher bei Bränden, bei denen solche Stoffe in Frage kommen, wie z. B. in Gießereien, Öl- oder Fettsiedereien, Kohlen- oder Schlackenhaufen, Räucherkammern usw., von der Anwendung von Wasser Abstand nehmen und auch hier sich des Schaumes bedienen, wenn vorhanden. Im anderen Falle muß die Abkühlung abgewartet werden und man muß auf den Schutz der Umgebung bedacht sein. Bei Behältern mit brennendem Öl oder Fett wird oft das Überdecken mit Deckeln, alten Decken oder nassen Säcken Erfolg haben.

Von besonderem Interesse ist auch das

f) Verhalten von Zelluloid und Zelluloidfilmen gegenüber Feuer und Wasser.

Zelluloid verbrennt mit heftiger, sehr heißer Flamme. Außerdem geht es aber schon bei einer Erwärmung auf etwa 170° in Zersetzung über und entwickelt dabei sehr giftige, brennbare und explosible Gase. Brennendes Zelluloid kann im Wasser gut abgelöscht werden, und auch die Zersetzung von Zelluloid kann durch genügende Abkühlung mit Wasser aufgehoben werden. Dasselbe gilt vom Zelluloidfilm, solange er sich nicht in aufgerolltem Zustande befindet. Wenn der Zelluloidfilm aber aufgerollt ist und sich im Zustande der Verbrennung oder Zersetzung befindet, so strömen aus den Spalten zwischen den einzelnen Lagen die Zersetzungsgase unter starkem Druck nach außen und verhindern damit das Eindringen, also die Wirkung des Löschwassers. Nur wenn das Wasser unter so starkem Druck in alle Spalten getrieben wird, daß der Gasdruck überwunden wird, ist eine Wirkung zu erzielen. Dazu ist aber erforderlich, daß man auf eine einzige brennende Filmrolle den Strahl eines mittleren Rohres konzentriert. Die Weiterverbreitung des Feuers auf die noch nicht vom Brande ergriffenen Filme ist wichtiger als das Ablöschen der brennenden Filme.

g) Kohlenbrände.

Oft hat die Feuerwehr mit Kohlenbränden zu tun. Kohlenbrände entstehen gewöhnlich durch Selbstentzündung und kommen am häufigsten bei Braunkohlen vor. Der Brandherd muß freigelegt und die brennenden Teile beseitigt und abgelöscht werden. Das Wassergeben auf das geschüttete oder gepackte Kohlenlager ist im allgemeinen zu vermeiden. Die brennenden Kohlen müssen fortgeschafft und in Behältern mit Wasser gründlich abgelöscht werden. Dabei ist zu beachten, daß die fetten Kohlen kein Wasser aufsaugen und sich daher, wenn sie nicht lange genug im Wasser gelegen haben, häufig nachher wieder entzünden. Die angebrannten Kohlen sind sorgfältig von den nur erhitzten zu trennen. Ein durch Selbstentzündung in Brand geratener Stapel ist sobald als möglich umzupacken, nachdem der Brandherd entfernt ist. In Brand geratene größere Kohlenhaufen teilt man zweckmäßig durch Abgraben in mehrere kleine Abschnitte, die man dann systematisch ablöscht. Die Feuerwehr stellt für alle Fälle eine Sicherheitswache, die mit den erforderlichen Schlauchleitungen ein Weiterverbreiten des Brandes zu verhindern hat.

Bei Kohlenbränden in Kellern ist wegen offensichtlicher Kohlenoxydgefahr nur mit dem CO-Filter, Kreislauf- oder Frischluftgerät vorzugehen.

h) Brände auf Holzplätzen.

Bei Bränden auf Holzplätzen ist in erster Linie auf den Schutz der Nachbarschaft zu achten, auch in Hinblick auf die Gefährdung durch Flugfeuer. Sodann ist durch Einsetzen möglichst starker Löschmittel anzustreben, daß das Feuer auf die bereits in Brand geratenen Stapel beschränkt bleibt. Gegen strahlende Hitze kann man sich, falls Asbestschirme usw. nicht vorhanden, durch Gasmasken und Asbesthandschuhe, oder auch durch eine schnell herbeigeschaffte und als Schirm vorgestellte Tür, Holzwand oder dgl. schützen. Beim Ablöschen solcher Brandstellen ist darauf zu achten, daß nicht durch umstürzende Stapel jemand gefährdet werden kann. Bei Holzstapeln, die längere Zeit gebrannt haben, besteht diese Gefahr fast immer. Man soll nicht zu nahe an freistehende Stapel herangehen, ohne diese Gefahr im Auge zu behalten.

3. Die Mineralöle und ihre Gefährlichkeit.

Durch den bedeutend erhöhten Bedarf von Betriebsstoff infolge Mehreinführung von Kraftwagen, Errichtung von Tankstellen usw. ist auch die Feuerwehr wegen der Gefährlichkeit des Stoffes heute gezwungen, sich mit ihm näher zu befassen.

Als Mineralöle bezeichnen wir in der Hauptsache: Rohpetroleum und dessen Destillationsprodukte, wie: Benzin, Petroleum und Schmieröle, ferner die Destillationsprodukte der verschiedenen Kohlenarten, wie Benzol, Solaröl, Teeröl, ferner die künstlich hergestellten Kohlenwasserstoffverbindungen, sofern ihr Flammpunkt niedriger als 100° liegt, endlich die künstlich hergestellten brennbaren Mischungen dieser genannten Stoffe untereinander, allerdings mit gewissen Ausnahmen. Danach gehören nicht unter die Mineralöle die verschiedenen Arten der Alkohole, ferner Azeton, Äther und Spirituslacke, die natürlich an sich auch recht feuergefährlich sind.

Welche Eigenschaften der Mineralöle zwingen uns bei ihrer Lagerung besondere Vorsichtsmaßnahmen zu beobachten? Da ist zuerst ihr großer Energie-Inhalt zu nennen. Als Maßstab hierfür benutzt man die Kalorie, das ist diejenige Wärmemenge, die notwendig ist, um ein Kilogramm Wasser um ein Grad zu erwärmen. So enthalten:

1 kg Braunkohlen . . .	1900—3300	Kalorien
1 kg lufttrockenes Holz .	3200—4000	Kalorien
1 kg Leuchtgas	4000	Kalorien
1 kg Spiritus.	6000	Kalorien
1 kg Teer	8500—9000	Kalorien
1 kg Petrolum	10500	Kalorien
1 kg Benzin	10500	Kalorien
1 kg Paraffin	11140	Kalorien

Als sinnfälliges Beispiel sei angeführt, daß die in einem Tropfen Benzin enthaltene Energie genügt, um einen Menschen von 80 kg Gewicht 2 m hoch zu heben.

Als weiterer wichtiger Grund für die Gefährlichkeit gewisser und gerade der am meisten verbreiteten Mineralöle ist der niedrige Flammpunkt anzuführen. Als Flammpunkt bezeichnen wir diejenige Temperatur, auf die man das Mineral erwärmen muß, um die über dem Flüssigkeitsspiegel lagernden Dämpfe in Gegenwart von Luft durch eine Flamme entzünden zu können. Um ein Bild über die verschiedenen Entflammungspunkte zu geben, seien folgende Zahlen genannt. Es haben Entflammungspunkte:

Schmieröle	100—200	Grad Celsius
Gasöle	über 65	Grad Celsius
Terpentinöle	31	Grad Celsius
Gewöhnl. Lampenpetroleum .	25	Grad Celsius
Reines Benzol	bis 8	Grad Celsius
Autobenzin	bis 22	Grad Celsius

Daraus ist zu erkennen, daß Benzol und Benzin bereits bei weit unter dem Gefrierpunkt des Wassers liegenden Temperaturen entflammbare Dämpfe entwickeln, und es genügt schon ein Zusatz von $2^1/_2$% dieser Dämpfe, um ein Dampf-Luftgemisch explosibel zu machen. In dieser leichten Entzündbarkeit des Benzols und des Benzins ist die große Feuergefährlichkeit, an sich aber auch die gute Verwendbarkeit als Kraftstoff für Verbrennungsmaschinen begründet.

Weiter kommt bei den Mineralölen noch das Bestreben hinzu, in großen Mengen Dämpfe an die Luft abzugeben, man sagt, die Flüssigkeit hat einen großen

Dampfdruck oder große Dampfspannung oder auf gut Deutsch: sie verdunstet sehr schnell. Die sich bildenden Dämpfe gewisser Mineralöle haben nun außerdem noch die Eigenschaft, daß sie 2—5mal schwerer sind als Luft. Die feuergefährlichen Dämpfe lagern sich also auf dem Boden oder fließen, genau wie Wasser, den tiefer gelegenen Stellen zu und sammeln sich dort. Werden die Dämpfe an irgend einer Stelle entzündet, so pflanzt sich die Flamme bis zu dem Entstehungsort fort und führt hier unter Umständen zu einer Katastrophe. Verdunsten Mineralöle unter Einwirkung von Wärme in einem allseitig geschlossenen Gefäß, wohlgemerkt, ohne daß die Mineralöle selbst dabei verbrennen, so macht sich eine Drucksteigerung auf die Gefäßwandungen bemerkbar, die bei leichtflüssigen Mineralölen bedeutend größer ist als bei Wasser. Halten die Gefäße der Drucksteigerung nicht stand, und das ist z. B. bei gewöhnlichen Eisenfässern und ähnlichen Gebinden zu erwarten, so bersten sie und die feuergefährliche Flüssigkeit fließt aus und kann sich entzünden.

Die Mineralöle werden in drei Gefahrenklassen eingeteilt und zwar werden zur Gefahrenklasse I solche Mineralöle gerechnet, die bei einem Barometerstande von 760 mm und bei einer Erwärmung auf weniger als 21° C entflammbare Dämpfe entwickeln. Zur Gefahrenklasse II werden solche Mineralöle gerechnet, die erst bei einer Erwärmung auf 21 bis 50° C Dämpfe entwickeln und zur Gefahrenklasse III Mineralöle, die erst bei einer Erwärmung auf mehr als 55° C und unterhalb 100° C Dämpfe entwickeln.

Zur Gefahrenklasse I werden u. a. gerechnet:
Rohpetroleum, Erdöle, Petroleumäther, Petroleumbenzin, Leichtbenzin, Benzol, Toluol, manche Isolier- und Tauchlacke, manche mit Leichtbenzin versetzte Benzinlacke, Sikkative, Fußbodenlacke, Lasurlacke.

Zur Gefahrenklasse II werden u. a. gerechnet:
Leucht- und Heizpetroleum und die meisten anderen Leuchtöle, Putzöle, Schwerbenzine zur Herstellung von Lacken und dergl. Xylol, Kumol, Solventnaphta.

Zur Gefahrenklasse III werden u. a. gerechnet:
Einige Arten hochsiedender Leuchtöle, manche Solaröle, die meisten Gasöle, mehrere Heizöle, Treiböle, z. B. für Dieselmotoren, sowie schwere Teeröle; ferner hochsiedende Putzöle, Vaselinöle, helle und dunkle Paraffinöle.

Diese kurzen, aber inhaltreichen Angaben mögen genügen, den Mineralölen die gebührende Beachtung auf feuerwehrtechnischem Gebiete zu schenken.

4. Die Druckschläuche und ihre Behandlung.

Eine höchst wichtige Rolle im Feuerlöschwesen sowohl nach der technischen, wie nach der finanziellen Seite hin spielen die Druckschläuche. Man darf wohl behaupten, daß das moderne Feuerlöschwesen überhaupt erst durch die Einführung der Schläuche möglich geworden ist; denn sie allein gewähren die Möglichkeit, den Angriff überall direkt auf den Herd des Feuers zu richten und somit das Wasser mit bestem Erfolge zu verwenden. Mit der Erfindung der Schläuche (1672), die bald im Feuerwehrwesen eine große Rolle zu spielen begannen, wurden auch von den Landesregierungen für die Weitungen, wie für die Kupplungen bestimmte Normen erlassen, die aber leider sehr reichhaltig ausfielen.

Diese Verschiedenartigkeit ist heute noch nicht ganz behoben. Genormt sind die 52er und 65er Schläuche. Neben diesen existieren aber in weit überwiegendem Maße die 75er und 45er Schläuche. Eine 65er Leitung speist bequem zwei 45er und eine 75er zwei 52er oder drei 45er Leitungen.

An der Güte des Materials soll nicht gespart werden. 45er Schläuche müssen 15, 65er Schläuche 20 Atm. Druck Stand halten.

Gummierte Schläuche sind bei den Freiwilligen, Werk- und Hausfeuerwehren nicht angebracht, da sie sehr teuer sind, eine besondere Pflege verlangen und nicht ausgenützt werden können, da auch der beste Gummi mit der Zeit hart und brüchig wird.

Wie schon erwähnt, herrscht hinsichtlich der Kupplungen, also der Verbindung der Schläuche untereinander, noch eine große Vielseitigkeit. Genormt ist die Storzkupplung. Es ist zu hoffen, daß diese Vielheit bald seine Erledigung findet.

Auch bei den besten Schläuchen nimmt die Festigkeit durch den Gebrauch mit der Zeit ab. Die Dichtigkeit der Hanfschläuche ist von zwei Umständen abhängig; erstens von der Güte der Herstellung, zweitens von der Fähigkeit der Hanffaser, anzuquellen. Gute neue Schläuche erkennt man leicht daran, daß sich an der Außenseite feine Wasserperlen zeigen. Geringere Qualitäten dagegen geben im ersten Moment einen erheblichen Teil Wasser ab, was aber nach wenigen Sekunden verschwindet. Alte Schläuche äußern die gleichen Nachteile. Dieses Verhalten der Hanfschläuche beruht auf der Fähigkeit der Faser, durch die Feuchtigkeit anzuquellen, so daß sich die Zwischenräume der Fäden schließen und das ganze Gewebe dicht zusammengepreßt wird, wodurch der Wasserdurchgang verhindert wird.

Durch den steten Gebrauch aber auch durch das Alter nimmt die Dichtigkeit und Festigkeit der Schläuche immer mehr ab. Dies hat seine Ursache einmal in der Abnützung beim Gebrauch, beim Aufrollen, Waschen usw., dann aber auch durch das Auslaugen der Faser durch das Wasser, wodurch die in ihr enthaltenen Saftstoffe, die das Anquellen hervorrufen, mit der Zeit entfernt werden.

Die Haltbarkeit ist aber groß genug, um den bedingten Anforderungen durchaus zu genügen. Zur Erhaltung eines immer stets guten Schlauchbestandes ist es ratsam, jährlich zirka $^1/_6$ auszuscheiden und durch neue zu ersetzen.

Als Länge der einzelnen Schlauchsätze hat sich das Maß von 15 Metern eingebürgert. Eine größere Länge mag wohl mit Rücksicht auf die sich vermindernde Zahl von Kupplungen in einer Leitung finanziell vorteilhaft erscheinen; allein die geringere Handlichkeit solcher langen Schlauchsätze, die erhöhten Schwierigkeiten beim Trocknen usw. haben bewirkt, daß man nur ausnahmsweise die Länge von 15 m überschreitet.

Zum Legen der Schlauchleitung bedient man sich der tragbaren oder fahrbaren Schlauchwellen oder Schlauchhaspel, auf welchen sich eine größere Anzahl

Schlauchsätze zusammengeschraubt aufgerollt befinden. Das Abrollen der Schläuche von der fortgetragenen oder gefahrenen Schlauchwelle ist ohne Zweifel die rascheste, exakteste und schonendste Methode der Schlauchlegung, da bei ihr ein Verdrehen des Schlauches und Schleifen auf der Erde nicht gut vorkommen kann. Natürlich muß der Schlauch so aufgewickelt sein, daß das Muttergewinde nach der Wasserstelle und das Vatergewinde nach dem Brandherd zeigt.

Man kann sich dies leicht merken, indem man sagt: „Der Vater geht zum Feuer, die Mutter bleibt zu Hause!"

Eine gute Behandlung der Schläuche sichert natürlich auch eine längere Lebensdauer. Ein Hin- und Herschleifen besonders nach dem Gebrauch ist unbedingt zu vermeiden. Das Entleeren der Schläuche vom Restwasser hat so zu geschehen, daß ein Mann den Schlauch in der Mitte hochhebt, so daß das Wasser nach beiden Seiten ausfließen kann. Das Austreten des Wassers aus den harten Schläuchen ist nicht ratsam, da die Faser hierdurch leicht bricht. An diesen Bruchstellen entstehen dann die feinen „Spritzer", die sich dann schnell in größere verwandeln.

Sind beim Legen des Schlauches scharfe Kanten nicht zu vermeiden, so ist derselbe durch Unterlegen von weichen Kissen usw. zu schützen. Sämtliche Knickungen innerhalb einer Schlauchlänge sind zu vermeiden, da diese den Wasserdurchgang hindern und den Druck am Strahlrohr vermindern. Solange der Schlauch noch nicht glatt liegt, sondern noch Knickungen und Verdrehungen aufweist, darf das Wasser nicht in ihn eingeführt werden, da sonst unter Einwirkung des Druckes leicht Beschädigungen des Schlauches entstehen, abgesehen von der Gefahr, welche für den auf der Leiter stehenden Rohrführer eintreten kann.

Auch das Wegnehmen der Schläuche nach dem Brande gibt oft zu Beschädigungen Anlaß. Man kann da oft beobachten, wie die Schläuche, regellos zusammengeknickt, auf die Spritze geworfen werden. Durch die scharfen Knickungen in dem wasserharten Schlauch sind Beschädigungen unvermeidlich. In diesem Falle sind die Schläuche zusammenzurollen, was eine kleine Mühe ist. In gerolltem Zustande ist es außerdem noch möglich, eine größere Menge unterzubringen.

Gefrorene Schläuche sind auf das sorgsamste zu behandeln, da diese dem Brechen noch viel mehr ausgesetzt sind. An den Stellen, wo gefrorene Schläuche gebrochen werden sollen, müssen diese zuvor durch Übergießen von heißem Wasser aufgetaut werden. Ist letzteres nicht vorhanden, so kann man sich auch durch Bestreuen mit Viehsalz helfen.

Stellen sich bei Benützung der Schläuche größere und kleinere Beschädigungen heraus, so kann man sich durch Anlegen von Schlauchbinden helfen, das am besten durch Umwickeln mit Segeltuch geschieht. Es ist natürlich, daß sich dem Artikel „Schlauchbinden" verschiedene Firmen zuwandten. Es sind in dieser Beziehung auch die verschiedensten Variationen entstanden, die aber alle nicht das Ei des Kolumbus bedeuten!

Nach dem Gebrauch sind die Schläuche gründlich zu reinigen. Von außen geschieht das durch Bürsten, unter Zuhilfenahme von Seife. Ist schlammiges Wasser, Jauche usw. verwendet worden, so hat die

Reinigung auch von innen zu geschehen, dergestalt, daß man den betr. Schlauch an den Hydrant oder Spritze anschließt und mit reinen Wasser gründlich durchspült. Ist fließendes Wasser vorhanden, so werden die Schläuche einfach in den Bach oder Fluß gelegt, wodurch schon die Hälfte Arbeit getan ist. Es ist sodann nur nötig, eine gründliche Nachwäsche vorzunehmen.

Im Winter ist den Mannschaften bei größeren Schlauchmengen warmes Wasser zu liefern.

Dem Trocknen der Schläuche ist eine ganz besondere Aufmerksamkeit zu widmen. Die beste und wirksamste Art des Trocknens ist die, daß man die Schläuche lang aufhängt und lufttrocken macht. Dabei ist aber unbedingt zu vermeiden, daß dies in der Sonne geschieht; denn dadurch bleicht die Hanffaser vorzeitig aus. Es tritt in diesem Falle der schon geschilderte Zustand ein, daß ein Aufquellen der Hanffaser durch Entziehen des Saftes nicht mehr stattfinden kann.

Durch das Langaufhängen geht der Trockenprozeß gleichzeitig von innen und außen von statten. Um einem Verstocken vorzubeugen, ist weiterhin zu beachten, daß die Schläuche nicht vorzeitig aufgerollt werden, also in noch nicht ganz trockenem Zustande.

Das Trocknen der Schläuche geschieht, wenn nicht im Innern der Steigertürme die beste Gelegenheit ist, bzw. diese nirgends dazu eingerichtet sind, außen an diesen oder in Glockentürmen. Ist es nicht möglich, die Schläuche in ihrer ganzen Länge aufzuhängen, so sind diese zu halbieren. In diesem Zustande ist es aber nötig, die Schläuche von Zeit zu Zeit umzuhängen, da der Luftdurchzug an der Stelle unterbunden wird, an der der Schlauch auf der Stange oder Strick aufliegt.

Ist aber auch dies nicht möglich, so ist es schon besser, man legt den nassen Schlauch in eine schattige Wiese, wo der Trockenprozeß wohl langsamer vor sich geht, bestimmt aber besser ist als andere Arten, wie z. B. das Aufhängen an Zäunen. Letztere Art ist ganz zu verwerfen, da es nicht zu vermeiden ist, daß der Schlauch in Bogen oder wellenartig aufliegt. Die unteren Teile der Bogen enthalten noch Wasser, während die oberen bereits längst trocken sind. Ein rasches Verderben ist schließlich das Los der Schläuche.

Zusammenfassend sei gesagt: Es ist anzustreben, daß das Trocknen der Schläuche, lang aufgehängt, an vor Regen und Sonnenschein geschützten Gebäuden oder im Gebäudeinnern, das im Winter heizbar sein muß, vorzunehmen ist. In keinem Falle sind noch feuchte Schläuche auf die Schlauchhaspel aufzuwickeln oder aufzustapeln. In letzterem Falle soll darauf geachtet werden, daß die Schlauchrollen nicht zu eng aneinander zu liegen kommen, damit die Luft noch hindurchstreichen kann.

Helft Feuer verhüten!

Zweiter Teil:

Der Gasschutz und dessen Grundlagen.

Londoner Feuerwehr bekämpft ein Großfeuer.
(Magirus.)

1. Rückblick.

Es sind Aufzeichnungen vorhanden, wonach schon im Altertum, besonders in Kriegen, bereits mit Gasen gekämpft worden ist. Die eigentliche Entwicklung der Gasschutztechnik beginnt vor ca. 100 Jahren mit dem Anlegen von Schächten zur Förderung von Steinkohlen, die durch die Erfindung der Dampfkraft erst möglich wurde. Bis dahin kannte man nur den Tagebau. Es ist ohne weiteres klar, daß sich nach Anlegen der Förderschächte auch die Gasunfälle einstellten, besonders solche durch Kohlenoxydgas, damals „Teufelsgas" genannt. Aber auch Kohlensäureausbrüche stellten sich ein. Es ist deshalb zu verstehen, daß der Mensch sich dagegen zu schützen versuchte. Aber nicht nur der Bergbau befaßte sich mit dem Gasschutz, sondern auch die Feuerwehren. Man kann ruhig sagen, daß mit der Gründung der ersten Berufs- und freiwilligen Feuerwehren zugleich auch die Anfänge des Gasschutzes zeitlich zusammenfallen. Schon im Jahre 1853 konstruierte Professor Dr. Theodor Schwann von der Universität Lüttich (geb. 1810 in Neuß, gest. 1882 in Köln) das erste frei tragbare Sauerstoffgerät. In Deutschland war es der Berliner Branddirektor Erich Giersberg, der die Konstruktion von Injektor-Sauerstoffgasschutzgeräten anregte, Verbesserungen an den vorhandenen Gasschutzgeräten vornahm und auch eine Gasschutzorganisation bei der Feuerwehr Berlin schuf. Leider starb dieser Vorkämpfer für die Gasschutztechnik viel zu früh. Er wurde trotzdem das Opfer einer Rauchvergiftung im besten Mannesalter von 51 Jahren.

Die Entwicklung der Gasschutztechnik war allerdings im Vergleich zu der der Löschgeräte keine allzu stürmische, es ging langsam voran, was die Feuerwehr anlangt. Zudem trennten sich die Wege zwischen Bergbau und Feuerwehr bedingt durch die Verschiedenartigkeit der Grundlagen.

In vieler Erinnerung wird noch das große Grubenunglück in Courrieres (Nordfrankreich) am 10. März 1906, morgens 4 Uhr sein, wo durch eine Schlagwetterexplosion 1125 Bergknappen den Tod fanden.

In kameradschaftlicher Verbundenheit rüsteten die deutschen Bergknappen sofort zwei Rettungsmannschaften aus, um ihren bedrängten Kameraden zu Hilfe zu eilen. Leider kamen sie zu spät, ebenso der derzeitige Inhaber des Drägerwerkes Lübeck. Das Drägerwerk hatte damals gerade wichtige Verbesserungen an der Alkalipatrone geschaffen und kamen diese Neuerungen, wenn auch nicht zur Rettung der verschütteten Bergleute, wohl aber zur Bergung der Toten gerade recht.

Die Modelle alle zu nennen, die als Rauchschutz konstruiert wurden, würde zu weit führen. Wer die Ausstellung „Der rote Hahn" in Dresden besucht hat, wird einen Vorgeschmack von der Vielseitigkeit erhalten haben.

Neben dem Drägerwerk Lübeck entstand auch bei der Auergesellschaft Berlin eine Abteilung für Gasschutz, die nun beide an der Ausgestaltung der Gasgeräte eifrig arbeiteten.

Eine raschere Entwicklung in der Gasschutztechnik brachte der Krieg. Der Stein war ins Rollen gekommen. In schneller Folge fanden die Gasgeräte ihre Vervollkommnung, bis sie heute auf einen Stand angelangt sind, der wohl als ein vorläufiger Abschluß in der Entwicklung zu betrachten ist.

Leider ist das Gasschutzgebiet für viele Volksgenossen noch Neuland. Bahnbrechend wirkte wohl der große Lehrmeister Krieg. Wenn nach diesem die Gasmaske in den Feuerwehren, im Gewerbeschutz, bei den Sanitätsformationen, Technischen Nothilfe usw. Eingang gefunden hat, so geschah dies auch nur in einem langsamen Tempo.

Infolge Einführung des Luftschutzes muß der Gasschutz Gemeingut des deutschen Volkes werden, und so soll auch dieses Buch mitwirken und mithelfen, daß das gesteckte Ziel baldmöglichst erreicht wird.

2. Die Organisation des Gasschutzes und Ausbildung im Gasschutz in den Freiwilligen, Werk- und Hausfeuerwehren.

Zur Organisation des Gasschutzdienstes bei einer Feuerwehr und dergl. muß zunächst eine sachkundige Stelle geschaffen, ein geeigneter Mann bestimmt werden, der sich in allen technischen Fragen des Gasschutzes, aber auch darüber hinaus mit den Eigenschaften der Gase, ihrer Giftwirkung und Beseitigung zu befassen und einzuarbeiten hat, um fähig zu sein, in vorkommenden Fällen die Leitung auf der Brand- bzw. Unfallstelle zu übernehmen. Zu seiner Unterstützung sind noch einige Unterführer einer höheren Ausbildung zu unterwerfen. Der Führer muß weiter befähigt sein, in der theoretischen Ausbildung durch geeignete Vorträge aufklärend wirken zu können. Wenn bei der „Feuerbekämpfung" im Vergleich zu den Berufswehren den Freiwilligen Feuerwehren usw. immer noch etwas Dilettantismus anhaftet, so darf dieses im Gasschutz nicht der Fall sein. Es ist eine eingehende, tiefschürfende Ausbildung durchzuführen, da in Verkennung der Gasgefahren und Unkenntnis der Gasgeräte schon mancher brave Kamerad den Tod gefunden hat. Gase beruhen auf Naturgesetzen und lassen sich nicht beliebig behandeln.

Die Auswahl der zum Gasschutz bestimmten Kameraden hat vorsichtig zu geschehen. In Zweifelsfällen ist eine ärztliche Untersuchung notwendig. Mangelnde Entwicklung und unkorrigierbare Atemdisziplin, Störungen der Kreislauforgane, überhöhter Blutdruck, Zwerchfellhochstand, Nervenstörungen, Nervenschwäche und Alkoholismus sind Anzeichen, die den damit behafteten Kameraden vom Gasmaskengebrauch ausschließen.

Das wichtigste und einfachste Schutzgerät in Gasgefahren ist die Gasmaske. Ihre Einfachheit und die bei der modernen Form geringe Behinderung des Trägers und die erwiesene große Schutzwirkung ermöglichen eine weitestgehende Anwendung. Dies darf aber nicht zu der Annahme verleiten daß die Gasmaske ein „Allerweltsschutz" ist.

Es ist von vornherein darauf ganz großer Wert zu legen, daß jeder Mann seine eigene Gasmaske besitzt. Das Wechseln durchschwitzter und angeatmeter Masken von Mann zu Mann ist durchaus unhygienisch und muß einen Widerwillen gegen die Maske erzeugen. Vor allem aber kann nur mit einer persönlich verpaßten, und der Gesichtsform angeschmiegten Maske die notwendige Dichtigkeit erzielt werden. Der Mann wird ein ganz anderes Gefühl der Sicherheit in einer ihm ordnungsgemäß verpaßten Maske haben, als wenn sie ihm im Ernstfalle nach Größennummer oder verstellbaren Kopfbändern verpaßt wird.

Den Filtereinsätzen ist bei den verschiedenen Ernstfällen größte Beachtung zu schenken. In allen Fällen ist das diesem Buche beigegebene Merkblatt für den Gasschutz zu Rate zu ziehen, damit katastrophale Verwechslungen nicht vorkommen können. Der heutige Filterstand zeigt folgendes Bild: Das Universalfilter für die Feuerwehren ist ob seiner Vielverwendbarkeit das B-Filter (grau) geworden, dieses Filter schützt außer gegen Rauchgase ferner noch gegen Azeton, Äther, Alkohol, Ammoniak, Benzin, Benzol, Chlor, Celluloid, Lacke, Öle, Salmiakgeist, Salpetersäure, Salzsäure, Schwefel, Schwefelkohlenstoff, Schwefelwasserstoff, Spiritus und Teer. Es schützen weiter das Filter A (braun) gegen Azeton, Benzin, Benzol, Schwefelkohlenstoff, Tetrachlorkohlenstoff und Trichloräthylen, das Filter E (gelb) gegen Salzsäure und Schwefelsäure, das Filter G (blau) gegen Blausäure, das Filter K (grün) gegen Ammoniak und Salmiakgeist, das Filter L (gelb und rot) gegen Schwefelwasserstoff, das S-Filter gegen sämtliche beim Luftschutz vorkommenden Kampfgase außer Kohlenoxydgas, für das ein besonderes Filter (CO-Filter) geschaffen wurde. (Siehe bes. Abhandlung.)

Um eine weitestgehende Anwendung der Gasmaske zu erreichen, müssen die Kameraden planmäßig an die Masken gewöhnt und erzogen werden, um mit den durch die erschwerte Atmung verbundenen Unannehmlichkeiten fertig zu werden. Dies wird am besten durch die atemgymnastischen Übungen erreicht.

Der Zweck der atemgymnastischen Übungen, die gar nicht ernst genug genommen werden können, ist ein vielseitiger. Es soll vor allen Dingen die Atemgewöhnung an den in jedem Filtergerät auftretenden Atemwiderstand erreicht werden. Der Atemwiderstand ist der Über- und Unterdruck in der Maske, der entsteht, wenn durch das Filter und den Schlauch des vorgelegten Gerätes ein- und ausgeatmet wird. Er muß durch eine erhöhte Arbeit der Atemmuskulatur überwunden werden. Je unruhiger und schneller geatmet wird, desto größer wird der Atemwiderstand durch die vermehrte Reibung der Luft in den Gängen und Verästelungen des Filters. Der Maskenträger muß sich deshalb angewöhnen, ruhig und tief zu atmen.

Das ist deshalb ungemein wichtig, weil sich der Atemwiderstand während des Gerätegebrauches erhöht. Obwohl die Anfangswiderstände in den deutschen Filtergeräten als gering bezeichnet werden können, und in den Filtergeräten praktisch störender Ausatemwiderstand infolge des Einbaues von Ausatemventilen nicht vorkommt, so sind sie doch vielen Menschen, die sich zum ersten Male einer Gasmaske anvertrauen, nicht ohne weiteres erträglich. Es gibt manchen Volksgenossen, der, unter Atemwiderstand atmend, unfähig bleibt, mit den Filtergeräten schwere Arbeit in gefahrvoller Umgebung zu leisten.

Die Ursachen dazu sind schon bei der Forderung einer ärztlichen Untersuchung genannt worden.

Die atemgymnastischen Freiübungen, auf die später noch näher eingegangen wird, führen zur Auslese. Die ungeeigneten werden erkannt und müssen ausscheiden oder einer Sonderausbildung unterzogen werden um sie für ihre Aufgabe zu retten.

Nach der Ausbildung ist es nötig, die Übungen in gewissen Abständen zu wiederholen. Der körperlich gesunde überwindet den Atemwiderstand in der Regel nach kurzer Gewöhnung ohne Mühe. Es kann jedoch im Ernstfalle, der ihm schwerste Arbeit auferlegen wird, zu Atemkrisen kommen, die auch dem Geeigneten verhängnisvoll werden können, wenn er nicht gelernt hat, Atemkrisen bei Vorhandensein von Atemwiderstand zu überwinden. Es muß deshalb während der atemgymnastischen Übungen langsam durch Übersteigerung zu Atemkrisen geführt werden. Erst dann, wenn die Geeigneten erkannt sind, können die Übungen in Gas oder Rauch stattfinden.

Die atemgymnastischen Freiübungen können nach folgender Anordnung vorgenommen werden.

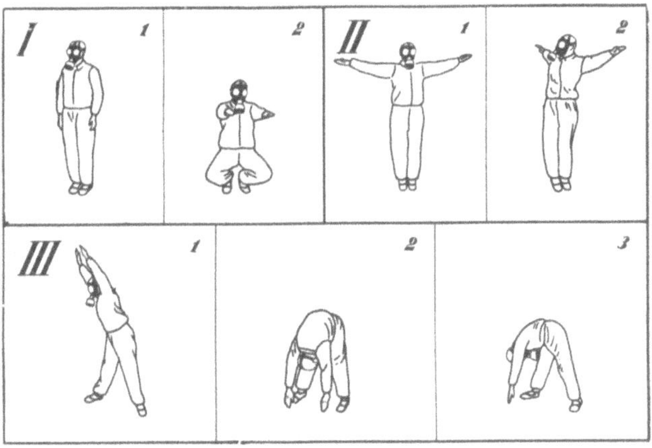

Bild: Drägerwerk.)

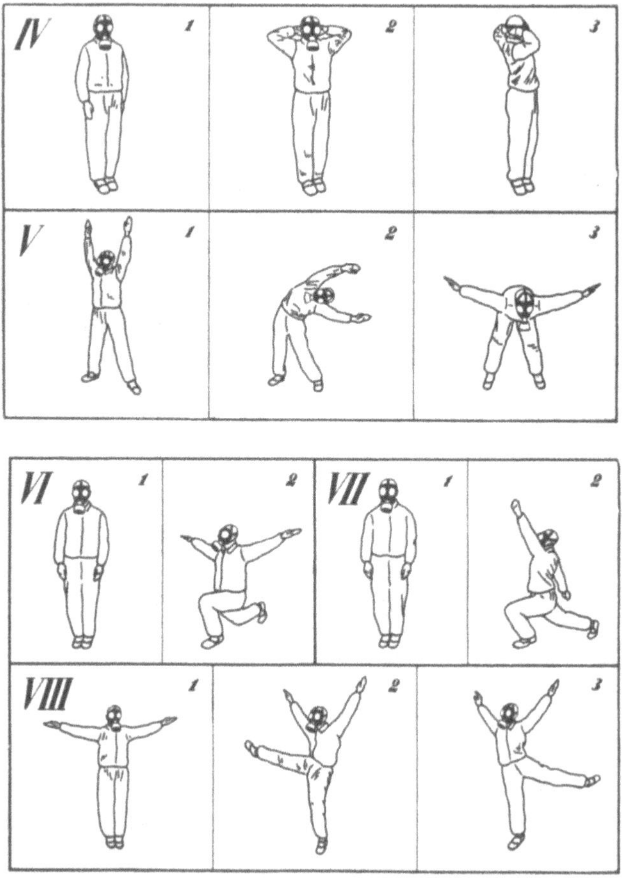

(Bild: Drägerwerk.)

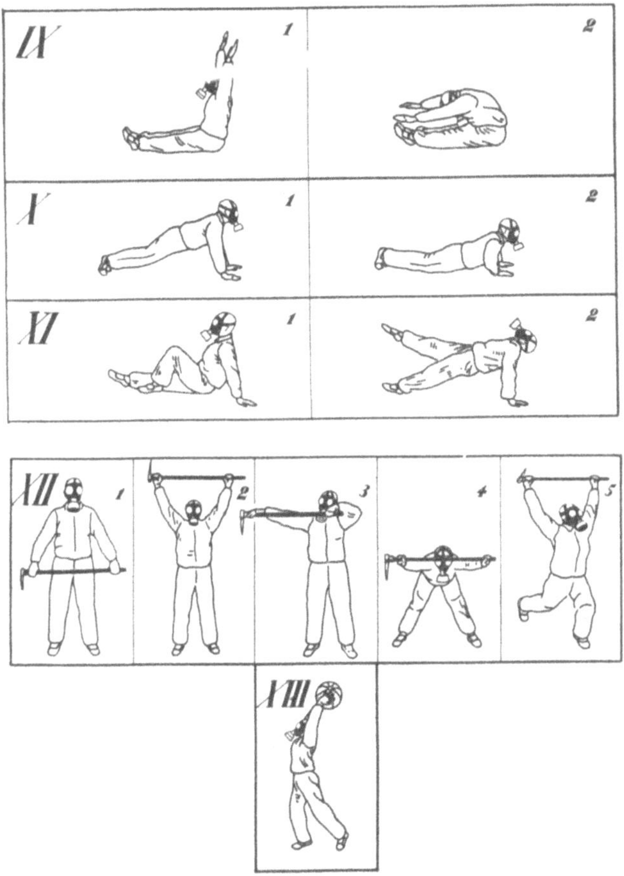

(Bild: Drägerwerk.)

Freiübungen.

(Siehe auch Abbildung).

a) Armstrecken vor-, auf-, seit- und abwärts, 5mal,

b) Rumpfdrehen mit Hüften fest, 10mal,

c) Rumpfbeugen links und rechts seitwärts, vorwärts und rückwärts mit Hüften fest, 10mal,

d) Rumpfbeugen und Strecken mit vor- und abwärtsstrecken der Arme, 15mal,

e) Kniebeugen und Strecken mit abwechselnd seitwärts- und vorwärtsstrecken der Arme, 20-mal.

Kriechübungen.

Wegen des Atemwiderstandes gilt dasselbe, wie bei den Freiübungen. Es wird ferner in der Praxis nicht immer möglich sein, aufrecht den vergasten Raum zu betreten, z. B. bei großer Hitze oder starker Gaskonzentration in den oberen Luftschichten des Raumes. Der Maskenträger muß deshalb daran gewöhnt sein, auch kriechend in den Raum eindringen zu können.

a) Vorwärts Kriechen, 20 m.

b) Rückwärts Kriechen, 20 m.

Gehübungen. (Marschschritt, Laufschritt.)

Zu den Erläuterungen über den Atemwiderstand kommt bei diesen Übungen die „Sichtgewöhnung“ hinzu. Der Maskenträger ist am „Sehen“ stark behindert, er muß durch Gewöhnung den Mangel wettzumachen versuchen.

Ballübungen mittels Hand- oder Fußball.

Die bei den Gehübungen erwähnte „Sichtgewöhnung“ wird durch das Ballspiel sehr gefördert. Es sollen jedoch keine Übungen stattfinden, die an den Maskenträger allzuhohe Anforderungen stellen. Vor allem ist starkes Erhitzen zu vermeiden. Bei starkem Erhitzen ist es bei Übungen gestattet, die Maske unten kurz anzulüften. Ein sofortiges Abnehmen im erhitzten Zustande kann zu schweren Gesundheitsschädigungen führen.

Kletterübungen an den Hakenleitern.

Diese Übungen stellen die allerhöchsten Anforderungen an den Maskenträger und sind nur dann vorzunehmen, wenn der Mann sich an die Maske gewöhnt hat und durch andere Übungen nicht angestrengt wurde.

Weitere Übungen können erfolgen durch Tauziehen, Tragen schwerer Gegenstände, Treppensteigen, am Arbeitsmeßgerät, Übungen im Tragen schwerer Puppen, (später Menschen) usw. usw. Es ist hiermit erwiesen, daß kein Mangel an Stoff vorhanden ist.

Weitere Übungen folgen dann in den Übungsstrecken. Sind solche nicht vorhanden, so sind behelfsmäßig zum Abbruch bestimmte Häuser, alte Keller, stillgelegte Fabriken usw. hierzu heranzuziehen. Es darf nichts unversucht gelassen werden, den Übungen unter der Maske immer einen anderen Modus beizulegen; dadurch wird verhütet, daß die Übungen immer dasselbe Bild zeigen.

Wo eine Übungsstrecke vorhanden ist, kann durch die verschiedentliche Umstellung des Inventars immer ein anderes Bild gegeben werden. Diese Übungen sind Ernstfallmäßig durchzuführen, vor allem muß vermieden werden, den Kameraden vorher zu sagen, was sie tun sollen. Das ist falsch. Am Brandplatz usw. erst stellt sich heraus, was für Maßnahmen zu treffen nötig sind.

Es ist anzustreben, daß in einer Gaszelle alle dem Gaswesen dienenden Geräte anzuschaffen sind, um allen Anforderungen genügen zu können.

Außer den schon genannten Filtergeräten ist den Frischluftgeräten und den Sauerstoffgeräten größte Aufmerksamkeit zu schenken, da diese den Geräteträger von der ihn umgebenden verseuchten Luft unabhängig machen. Bezüglich des Sauerstoffgerätes genügt bei den Feuerwehren das Einstundengerät. Wo gut verpaßte Gasmasken mit geringem Totraum vorhanden sind, ist der Maskenatmung vor der Mundatmung der Vorzug zu geben. Die Atmung ist einfacher, die Maske gestattet das Sprechen, das unhygienische Speicheln fällt fort und die Maske bietet wirksamen Hitze- und Flammenschutz.

Es wird sich auf Brandstelle des öfteren herausstellen, daß es nötig ist, daß die Angriffstrupps, am besten mit dem Sauerstoffgerät ausgerüstet, vorgehen. Die Arbeit am eigentlichen Brandherd ist möglichst dem Träger des Sauerstoffgerätes zu überlassen. Besser ist es schon, wenn in einem solchen Angriffstrupp zwei solcher Geräte mitgeführt werden. Die mit dem Filtergerät ausgerüsteten halten sich möglichst in der Etappe auf, sorgen für Rauchabzug oder machen sich sonst nützlich.

Von ausschlaggebender Bedeutung für den Erfolg

einer Gasschutzorganisation ist neben einer genügenden Vertrautheit des Geräteträgers mit seinem Apparat die Durchführung

einer tadellosen Gerätepflege.

Fehlschläge, die das Vertrauen der Mannschaft zu ihrem Gerät erschüttern, sind durch peinlichste Instandhaltung der Gasgeräte zu vermeiden und zu umgehen.

Die Pflege der Gasgeräte untersteht dem Gerätewart. Eine pflegliche Behandlung der Masken läßt sich dadurch erreichen, daß man diese nach dem Gebrauch zunächst mit einem Wildlederlappen gut auswischt. Die Aufbewahrung der Masken darf hiernach nicht in der Tragtasche geschehen, (da sie darin leicht verschimmeln oder vermodern), sondern sind mindestens 24 Stunden in frischer, nicht zu warmer Luft lufttrocken zu machen. Dies geschieht am besten in dem Maskenschrank, der seinen Standort in einem staubfreien Raum mit stets gleichen Temperaturen hat. Das Aufbewahren der Masken in der Tragtasche hat noch den Nachteil, daß der Dichtrahmen Krümmungen erhält, die beim Aufnehmen der Maske erst beseitigt werden müssen. Es bedarf dann immer erst einiger Zeit, bis sich der Dichtrahmen den Kopfformen wieder anschmiegt. Als neueste Errungenschaft auf dem Gebiete der Gasschutztechnik ist der „Maskenspanner" zu bezeichnen. Bei Verwendung des Maskenspanners kommen die erwähnten Krümmungen im Dichtrahmen in Wegfall. Der Dichtrahmen, der sich sonst immer erst durch die Körperwärme an die Gesichtsform langsam anschmiegte, indem sich die Krümmungen ausglätteten, hat durch den Maskenspanner seine Form behalten und kommen dadurch die erwähnten Unannehmlichkeiten in Fortfall.

Dem Ausatemventil

ist auch besondere Aufmerksamkeit zu widmen, wenn es betriebsfähig erhalten bleiben soll. Durch verschiedene Umstände, z. B. bei den atemgymnastischen Übungen, bei Brandfällen usw. können Fremdkörper (Woll-, Ruß- und Teerteilchen, Haare, Staub und dergl.) in den Ventilkrater, besonders zwischen das Glimmerplättchen fallen. Die kleine Feder, die das letztere an die Wandung drückt, ist dann nicht mehr imstande, gasdicht abzuschließen. Dadurch können die Atemgifte angesaugt werden und den Maskenträger zu Schaden bringen. Das Ausatemventil ist deshalb des öfteren nachzuprüfen und mit reinem, klarem Wasser durchzuspülen und abzuklopfen.

Da für den Umgang mit den inneren Geräteteilen der Sauerstoffgeräte, wie Düsen, Ventilen, Reduzierventilen usw. wirkliche Sachkunde vorhanden sein muß, ist es von Vorteil, wenn die Kameraden sich nur auf die äußere Reinigung beschränken, jeden Eingriff in die inneren Teile aber unterlassen. Ihr Hauptaugenmerk wird in der Hauptsache auf die Dichtheit des Atembeutels zu richten sein. Bei der Prüfung dieses Beutels beschränkt man sich in einfacher Weise auf das Abschließen der Atemöffnung, Festlegen des Überdrucklüftungsventils und Aufblasen des Atembeutels. Von Zeit zu Zeit muß aber auch der Apparat von sachkundiger Stelle einer gründlichen Untersuchung unterzogen werden. Ist keine solche

Stelle in der Nähe, so muß an eine Prüfung durch den Hersteller gedacht werden.

Zusammenfassend gelten über die Organisation des Gasschutzwesens in den Freiwilligen, sowie Werk- und Hausfeuerwehren folgende Regeln:

1. Die Leitung und Führung ist einem Volksgenossen zu übertragen, der berufen und befähigt ist, das Gasfach völlig zu beherrschen.
2. Die Ausbildung ist nur an hierzu fähigen Volksgenossen vorzunehmen.
3. Bei der Ausbildung sind die vorher genannten Regeln streng zu beachten.
4. Es müssen die zur Organisation gehörigen Gasgeräte usw. angeschafft werden.
5. Die Gasgeräte sind einer peinlichen Pflege und Instandhaltung zu unterwerfen.

3. Die Gase, ihre Eigenschaften und ihre Wirkung auf den menschlichen Körper.

Außer den Rauchgasen, die leicht durch das Filter gebunden werden können, sind es in der Hauptsache zwei Gase, denen bei einer Brandbekämpfung stärkstes Interesse entgegengebracht werden muß: **Kohlensäure** und **Kohlenoxydgas.**

Außer der Brandbekämpfung gibt es aber noch Unfälle verschiedener Art, bei denen die Feuerwehr zu Hilfeleistungen herangezogen wird. Dies bedingt eine weitere Kenntnis in Gasgefahren, z. B. bei Chlorgasausbrüchen durch Undichtwerden von Umfüllrohren, Unfälle bei Brunnen- und Schachtarbeiten, Unfälle in Düngergruben und Gasanstalten, Ammoniakausbrüchen, Ungezieferverntilgung usw. Aber auch darüber hinaus wird die Feuerwehr mitunter vor heikle Fragen gestellt. Es soll deshalb in diesem Buche nichts unversucht gelassen werden, volle Aufklärung zu geben und alle Gase, Säuren und Laugen, mit denen es die Feuerwehr im Laufe der Zeit in der Praxis zu tun hatte, anzuführen und zu behandeln. Während die hauptsächlichen Gase eingehend behandelt werden, beschränken wir uns bei den weniger vorkommenden auf eine Merktafel, die in kurzer Form alles Wichtige aufweist.

Die Kohlensäure

besteht aus einem Teil Kohlenstoff und zwei Teilen Sauerstoff, ist ein farbloses Gas von schwach-säuerlichem Geschmack. Die chemische Bezeichnung ist CO_2. Die Kohlensäure ist an sich nicht giftig, tritt dieselbe aber in größeren Mengen (über 8%) auf, so wird der zur Atmung notwendige Sauerstoff verdrängt, was je nach Menge, in welcher sie der Luft beigemengt ist, Atembeschwerden, Herzklopfen, Kopfschmerzen, Bewußtlosigkeit und den Tod zur Folge haben kann.

Die Kohlensäure ist das Endprodukt der vollkommenen Verbrennung. Da aber Verwitterung und Verwesung auch nichts anderes sind, als eine langsame Verbrennung, so erzeugt faulendes Holz und verwitterndes Gestein auch Kohlensäure.

Die Kohlensäure ist spezifisch schwerer als Luft (1.524, Luft = 1) und ist deshalb am Boden zu suchen. Um das Vorhandensein von Kohlensäure festzustellen, wurden Versuche mit Tieren z. B. Hunden, Kaninchen,

Meerschweinchen usw. unternommen. Dabei hat sich herausgestellt, daß diese weit widerstandsfähiger gegen Kohlensäure sind und imstande sind, bis zu 50% eine Stunde lang anstandslos zu ertragen. Bei häufiger Wiederholung gehen allerdings die Tiere ein. Atemschutz: Nur Sauerstoff- oder Frischluftgerät.

Das Kohlenoxydgas

hat die chemische Bezeichnung CO. Es besteht aus einem Teil Kohlenstoff und einem Teil Sauerstoff, ist ein farb-, geruch- und geschmackloses Gas, das sich mit der Luft leicht verbindet und im ganzen Raum schnell verteilt. Das Kohlenoxydgas ist ein äußerst giftiges Gas, das umso gefährlicher ist, als es bis jetzt kein abschließendes Mittel gibt, um es rechtzeitig und mengenmäßig zu erkennen. Es bildet sich überall da, wo eine unvollkommene Verbrennung infolge ungenügender Sauerstoffzufuhr stattfindet. Unter Hinzutritt von Sauerstoff verbrennt das Kohlenoxydgas zu Kohlensäure mit einer bläulichen Flamme, die man in einem Zimmerofen beobachten kann, wenn die Kohle noch nicht durchgebrannt ist und man vorzeitig die Abschlußklappe für den Rauchabschluß schließt.

Schon ganz kleine Beimengungen von Kohlenoxydgas in der Luft verursachen eingeatmet Kopfschmerzen, Schwindelanfälle, Mattigkeit in den Gliedern, der Blick wird trübe und es stellt sich Herzklopfen ein. Hinzu treten noch nervöse Störungen, die sich in einem rechthaberischen Wesen bemerkbar machen. Bei längerem Verweilen in dem giftigen Luftgemisch oder bei einem Steigen des Kohlenoxydgehaltes der Luft bis zu 0,1% tritt Bewußtlosigkeit ein. Ein Kohlenoxydgehalt der Luft von 0,3% wirkt bereits tödlich, wenn nicht rasche Hilfe zur Hand ist. Die außerordentliche Gefährlichkeit des Kohlenoxydgases beruht auf dem großen Bestreben desselben, sich mit dem Blut im Körper zu verbinden und dadurch die Sauerstoff-Versorgung der Organe zu verhindern.

Kohlenoxydgas ist ein Blutgift. Seine große Gefährlichkeit ist dadurch bedingt, daß es den Sauerstoff des Blutes verdrängt, indem es mit den roten Blutkörperchen eine feste Verbindung, das Hämoglobin, bildet. Das Blut wird unfähig, in den Lungen Sauerstoff aufzunehmen und an die Gewebe abzugeben. Die Folge ist eine innere Erstickung infolge Sauerstoffmangel, also ohne gleichzeitige Kohlensäureanhäufung. Da die Verwandtschaft des Blutfarbstoffes zum Kohlenoxydgas 200 mal so groß ist, wie die zum Sauerstoff, so reißt das Hämoglobin das Kohlenoxyd an sich, auch wenn es in der Luft nur in ganz kleinen Mengen vorhanden ist. Außer der Konzentration hat aber auch die Zeit, während welcher das giftige Gas eingeatmet wird, entscheidende Bedeutung. Die ersten Erscheinungen sind außer Schwere der Glieder, Klopfen des Pulses und Eingenommenheit des Kopfes, Schwindel und Kopfschmerzen. Geht die Vergiftung weiter, so wird das Gesicht blaß, das Bewußtsein schwindet langsam und es kann Erbrechen eintreten. Die Atmung wird unregelmäßig, der Puls frequent und klein, die Pupillen weit und reaktionslos, unwillkürlicher Abgang von Harn und Kot findet fast regelmäßig statt. Der Tod tritt ein, wenn 70—80% der Gesamtblutmenge mit Kohlenoxyd durchsetzt sind, indem erst die Atmung, dann das Herz stillsteht.

Der Erfolg einer Hilfeleistung bei Kohlenoxyd-vergifteten hängt dann nicht mehr von Minuten, sondern von Sekunden ab.

Kohlenoxydgas ist etwas leichter als Luft. (0,967 = 1), und hält sich deshalb in den mittleren und höheren Schichten des betr. Raumes auf.

Bei der großen Flüchtigkeit des Kohlenoxydgases ist zunächst eine gute Lüftung notwendig; dabei ist aber zu vermeiden, daß Stühle oder Tische bestiegen werden.

Atemschutz: CO-Filter, Sauerstoff- oder Frischluftgerät. Vergiftete sofort ins Krankenhaus.

Das Schwefelwasserstoffgas

besteht aus einem Teil Schwefel und zwei Teilen Wasserstoff. Seine chemische Formel ist H_2S. Es ist ein farbloses Gas von schwach bitterem Geschmack mit einem ausgesprochenen Geruch nach faulen Eiern. Daher schon in ganz kleinen Beimengungen erkennbar. Es ist schwerer als Luft und tritt in Abortgruben, Kloaken, Senklöchern und in Straßenschleusen auf. Schon geringe Beimengungen in der Luft haben bei längerem Verweilen lästigen Augenreiz zur Folge, bei stärkerem Auftreten tritt Bewußtlosigkeit ein. 0,2% wirken binnen kurzer Frist bereits tödlich.

Düngergruben und Straßenschleusen, auch wenn sie vollständig entleert und mit Wasser durchgespült wurden, sind ohne Atemschutz nicht zu begehen.

Das Schwefelwasserstoffgas ist etwas schwerer als Luft, ist deshalb am Boden zu suchen, brennbar und mit Luft gemischt explosiv.

Atemschutz: Filter-Einsatz L (gelb und rot) Sauerstoff- oder Frischluftgerät. Vergiftete müssen sofort ins Krankenhaus.

Ammoniak

(NH_3) besteht aus einem Teil Stickstoff, drei Teilen Wasserstoff und ist das bekannte stechend riechende, farblose Gas, das bei Kältemaschinen, die heute nicht nur in Brauereien, sondern auch schon in Fleischereien anzutreffen sind, zur Eiserzeugung Verwendung findet. Es kommt des öfteren vor, daß die Feuerwehr zu Abdichtungsarbeiten gerufen wird, die an Rohren usw. vorzunehmen sind. Gebunden wird dieses Gas schnell durch einen Sprühstrahl, indem man Wasser durch einen Strahlregler, Brause usw. in kleine Wasserteile zerstiebt und in dem ammoniakgefüllten Raume wirken läßt. Ein anderes Gegenmittel ist das Ausgießen von Essigwasser. Durch die Lösung des Ammoniaks in Wasser entsteht Salmiakgeist. In jedem Falle ist gute Lüftung anzuraten.

Vor dem Einatmen des Ammoniakgases wird dringend gewarnt, da das Gas eine ätzende und zerstörende Wirkung auf die Schleimhäute und Lunge ausübt.

Über die Explosivität der Ammoniakgase ist in der Gasliteratur schon viel geschrieben worden. Es ist einmal festgestellt worden, daß eine Beimengung von 16,5—28,8% Ammoniak in der Luft ein explosives Luftgemisch ergibt. Es ist hieraus zu ersehen, daß das Gebiet der gefährlichen Ammoniak-Luft-Mischungen ziemlich eng begrenzt und schon deshalb die Explosionsmöglichkeit eine sehr geringe ist.

Selbst wenn das oben genannte explosionsfähige

Ammoniak-Luftgemisch vorhanden ist, so hängt die Möglichkeit seiner Entzündung auch von der Größe des Raumes und von der Art der Zündung ab.

Zusammenfassend wäre zu sagen, daß die Explosion eines Ammoniakluftgemisches durchaus möglich und in keiner Weise zu bezweifeln ist, wenn auch bis heute nur ganz wenige Explosionen zu verzeichnen sind. Gerade die Seltenheit dieser Explosionen und der Umstand, daß zu ihrem Zustandekommen verschiedene Faktoren zusammenwirken müssen, dürfen aber keinesfalls zur Sorglosigkeit und Leichtsinn beim Arbeiten mit Ammoniakgas, Abdichten von Ammoniakleitungen usw. verleiten.

Ammoniak hat auch eine flammenerstickende Wirkung, die aber wegen seines stechenden Geruches wenig oder gar nicht ausgenutzt werden kann.

Atemschutz: Filter K (grün) oder auch B (grau), bei starken Konzentrationen Sauerstoffgerät.

Merksprüche für den Gasschutz!

Steh still und sammle dich —, ehe du die Giftzone betrittst!

*

Ruhe und Besonnenheit!

*

Vor dem Gebrauch prüfe dein Gerät,
Dein Leben auf dem Spiel sonst steht!

*

Übung und Pflege
Bewahren dich vor Schaden allerwege!

Merktafel für den Gasschutz der
beim Auftreten von Giftgasen, Säuren und Laugen

Stoffe	Wichtigste Eigenschaften
Azetylen	Eigentümlich riechend, farbloses Gas, leicht entzündlich und unter Explosion zersetzlich, mit Luft gemischt explosiv, ebenso schwer wie Luft; entsteht aus Kalziumkarbid und Wasser
Azeton	Leicht brennbare, farblose, feuergefährliche Flüssigkeit, mit Wasser mischbar, mit Luft gemischt explosives Gasgemisch
Äther	Farblose leichte, sehr feuergefährliche Flüssigkeit, mit Wasser nicht mischbar; Dämpfe wirken betäubend, schwerer als Luft; mit Luft gemischt explosiv
Ätzkali Ätznatron	Feste, weiße Massen, meist in eiserne Trommeln eingegossen; die wässrigen Lösungen heißen Kali oder Natronlauge; s. Kalilauge
Alkohol	Leicht brennbare, farblose Flüssigkeit, mit Wasser mischbar; Dämpfe giftig, mit Luft gemischt explosiv
Ammoniak	Farbloses Gas, leichter als die Luft, ätzend und die Schleimhäute zerstörend, schweres Lungengift, mit Luft begrenzt explosiv
Benzin—Benzol	Farblose, feuergefährliche Flüssigkeit, mit Wasser nicht mischbar, Dämpfe giftig, mit Luft explosives Gasgemisch

Freiw., Werk- u. Hausfeuerwehren

einschließlich der Kampfstoffe auf Brandstelle

Gegenmaßnahmen	Atemschutz
offene Flamme vermeiden, für Abzug des Gases sorgen	nur bei stärkerer Konzentration
mit Wasser verdünnen, nur Sprühstrahl, brennende Flüssigkeit nicht forttreiben	Gasmaske, Einsatz B oder A
nicht mit Wasser löschen, Wasser nur zur Abkühlung gefährd. Gefäße Ablöschen m. Sand, Erde, Spz.-Lösch., Tetra- und Schaumlöscher	Gasmaske, Einsatz B
offene Trommeln vor Berührung mit Wasser schützen	
mit Wasser verdünnen, nur Sprühstrahl, brennende Flüssigkeit nicht forttreiben	Gasmaske, Einsatz B
Sprühen mit Wasser, Ausgießen von Essigwasser	Sauerstoffgerät, b. schwacher Konzentr. a. Gasm. Eins. K od. B, Vergift. sof. Krankenh.
nicht mit Wasser löschen, nur zur Abkühlung gefährd. Gefäße, Ablöschen mit Sand, Erde; Tetra- oder Schaumlöscher anwenden	Gasmaske, Einsatz B oder A, Vergiftete Sauerstoffbehandlung, Krankenhaus

Stoffe	Wichtigste Eigenschaften
Blausäure	Sehr giftiges, farbloses Gas, das u. a. in den Verbrennungsgasen von Zelluloid vorkommt; wenige Atemzüge führen den Tod herbei; Geruch wie bittere Mandeln
Carbid **(Calciumcarbid)**	Graue, harte, stückige Masse, die in Blechtrommeln in den Handel kommt und zur Herstellung von Azetylen durch Aufgießen von Wasser dient
Celluloid	Farblose oder gefärbte hornartige Masse; feuergefährlich. Bei Entzündung entst. gift. Gase. (Nitrose Gase, Blaus., Kohlenoxyd)
Chlor	Gelbgrünes, ätzendes u. stechend riechendes Gas, das die Atmungsorgane zerstört. In Wasser mit gelbgrünlicher Farbe löslich
Explosivstoffe	Stoffe, die durch plötzliches Erhitzen, Schlag, Stoß oder Initial-Zündung explodieren. (Dynamit, Zündhütchen, Sprengkapseln)
Gase **(verdichtete und verflüssigte)**	In Stahlflaschen unt. hohem Druck stehend, Flaschen nicht werfen und nicht erwärmen, Nähe von Öfen und Feuerstellen vermeiden
Kalilauge	Wässrige Auflösung von Ätzkali; wirkt ätzend, zerstört Stoffe, Leder, Schläuche
Kalk **(ungelöschter)**	Graue oder weiße stückige Masse, die begierig Wasser anzieht und sich unter Wärmeentwicklung zu Ätzkalk löscht. **Kalkmilch** ist eine wässrige Aufschlemmung von Kalk und wirkt stark ätzend

Gegenmaßnahmen	Atemschutz
für reichliche Lüftung sorgen	Sauerstoffgerät oder Maske, Einsatz G, künstliche Atmung, Sauerstoffbehandlung Krankenhaus
vor Wasser schützen! Carbid-Trommeln aus dem Brandraum schaffen, elektr. Handlampen, evtl. Explosionsgefahr	
viel Wasser geben, auch Sand aufwerfen!	Sauerstoffgerät, außerhalb des Gebäudes Einsatz B, sofort Krankenhaus
sprühen mit Wasser, undichte Chlorflaschen in Kalkmilch stecken	Sauerstoffgerät, Einsatz B, Krankenhaus, leichte Fälle Einatmen von Alkohol
Sprengstoffe unter Wasser setzen. Sicherheitsmaßnahmen treffen!	
Gasflaschen aus dem Bereich des Feuers schaffen, wenn nicht möglich, mit viel Wasser kühlen	
mit viel Wasser verdünnen und mit verdünnten Säuren neutralisieren	
Berührung mit Löschwasser vermeiden! Kalkbeschmutzung mit Wasser sofort abwaschen, mit Essig neutralisieren	

Stoffe	Wichtigste Eigenschaften
Lacke	Auflösungen von Harz und Celluloid in flüchtigen und brennbaren Lösungsmitteln, daher feuergefährlich
Leichtmetalle: a) **Kalium** **Natrium**	Weiße, weiche und schneidbare Metalle, die unter Petroleum aufbewahrt werden, da sie sich an der Luft oxydieren und Wasser unter Wasserstoffentwickl. zersetzen; feuergefährl.
c) **Magnesium** **Elektron** **Aluminium**	Harte, weiße Metalle, die unter großer Wärmeentwicklung brennen, Pulver und Späne sehr feuergefährlich, Explosionsgefahr
Leuchtgas	Farbloses, giftiges Gas, leichter als Luft, mit Luft gemischt explosiv
Methan	Farbloses, brennendes Gas, leichter als Luft, sogen. Gruben- oder Sumpfgas, mit Luft gemischt explosiv, schlagende Wetter. In Brunnen und Schächten vorkommend
Natronlauge	Wässrige Auflösung von Ätznatron (Seifenstein), siehe Kalilauge
Oele	Unter Rußentwicklung brennbare Flüssigkeiten
Phosphor, rot	Dunkelrotes Pulver, nicht feuergefährlich, ungiftig
Phosphor, gelb	Gelblich weiße, sehr feuergefährliche und giftige Substanz, die meist in Stangen in den Handel kommt. Sehr leicht entzündlich an der Luft, muß deshalb unter Wasser aufbewahrt werden. Verbrennt zu weißem, giftigem Rauch

Gegenmaßnahmen	Atemschutz
nicht mit Wasser löschen, Tetra- oder Schaumlöscher anwenden	Gasmaske, Einsatz B
keinesfalls mit Wasser löschen, sonst Explosionen. Nur trockenen Sand aufwerfen. Metalle ins Trockene bringen. Keine Tetralösch. verwend.	
nicht mit Wasser löschen, trockenen Sand, Karnallit oder Soda aufwerfen. Keine Tetra-Löscher verwenden. Stoffe ins Trockene bergen	
nach ob. Abzug schaffen, Berühr. m. offen. Flamme od. Licht vermeiden!	Sauerstoffgerät
wie Leuchtgas	Sauerstoffgerät
nicht mit Wasser löschen, Tetra- od. Schaumlöscher anwend.	Sauerstoffgerät od. Einsatz B
große Mengen Wasser geben, nassen Sand aufwerfen, wegschwemmen von Phosphorstückchen vermeiden	Sauerstoffgerät; Brandwunden sehr gefährlich. Künstl. Atmung, Vergiftete Krankenhaus; gebrannte Magnesia od. Magermilch eingeben!

Stoffe	Wichtigste Eigenschaften
Salmiakgeist	Konzentrierte Lösung des Ammoniakgases in Wasser, meist in Glasballons, stechend riechend
Säuren: a) **Salpetersäure**	Meist gelblich gefärbte ätzende Flüssigkeit, die mit Metallen, Holz und dergl. giftige braune Dämpfe (Nitrose Gase) entwickelt, die die Lunge zerstören. Säure kann Holz zum Entflammen bringen
b) **Salzsäure**	Wässrige Auflösung von Salzsäuregas; an der Luft rauchende, ätzend wirkende gelblich gefärbte Flüssigkeit, die Metalle löst
c) **Schwefelsäure**	Schwere, weiße oder bräunliche Flüssigkeit, die organische Stoffe verkohlt und dabei Wärme entwickelt. — Löst, besonders verdünnt, Metalle auf
Schwefel	Gelbe, brennbare Substanz, leicht schmelzend. / Entwickelt beim Brennen giftige Gase, schweflige Säure
Schwefel-kohlenstoff	Meist unangenehm riechende Flüssigkeit, leicht flüchtig und feuergefährlich, Dämpfe sehr giftig, mit Luft gemischt explosiv, verbrennt unt. Entwicklg. von schwefl. Säure
Schwefel-wasserstoff	Nach faulen Eiern riechendes Gas; farblos, sehr giftig und schwerer als Luft, zieht also nach unten. Brennbar u. mit Luft gemischt explosiv. / In Kloaken und Klosettgruben
Spiritus	Farblose, leicht brennbare Flüssigkeit, mit Wasser mischbar; Dämpfe giftig, mit Luft gemischt explosiv

Gegenmaßnahmen	Atemschutz
mit Sägemehl, Torfmull und dergl. aufsaugen u. m. Essig neutralisieren; geschlossene Räume lüften	Gasmaske, Einsatz B oder K
Säure durch Wassergeben verdünnen, Kalk aufwerfen, keine Sägespäne oder Erde verwenden, Einatmen der braunen Dämpfe vermeiden	nur Sauerstoffgeräte, im Freien auch Einsatz B
reichlich mit Wasser verdünnen, Kalk, Soda, Asche aufwerfen	Sauerstoffgerät od. Einsatz E oder B, am besten mit dem Schnappdeckel
wie Salzsäure	wie Salzsäure
mit Wasser löschen, danach nassen Sand aufwerfen; auf große Mengen Schaum geben	Sauerstoffgerät od. Einsatz E, auch B, mit Schnappdeckel
nicht mit Wasser löschen, Speziallöscher (Schaum- od. Tetralösch.); Sand, Erde aufwerf., Wasser nur zum Kühlen gefährdeter Gefäße	Sauerstoffgerät od. Einsatz B oder A, Vergiftete Krankenh.
für Lüftung sorgen, untere Fenster und Türen herausnehmen	Sauerstoffgerät, Eins. B oder L, Vergiftete sofort Krankenhaus
mit Wasser verdünnen, nur Sprühstrahl, brennende Flüssigkeit nicht forttreiben	Gasmaske, Einsatz B

Stoffe	Wichtigste Eigenschaften
Teer	Schwarze, flüssige oder halbfeste Masse, die unter großer Rauchentwicklung brennt
Tetra-Chlorkohlenstoff	Löschmittel, Dämpfe, giftig. Farblose Flüssigkeit, Lösungsmittel
Trichloräthylen	Lösungsmittel, Dämpfe giftig, unentzündlich. Farblose Flüssigkeit, auch Tri genannt
Wasserstoff	Farbloses, sehr leichtes, geruchloses Gas, brennbar. / Mit Luft gemischt explosives Gasgemisch

Die Kampf-

Blaukreuz Brom, Arsine	Reizung der Augen und der Luftwege, Beklemmungen, Beklommenheit
Grünkreuz Phosgen, Perstoff, Chlor	Reizung der Augen und der Luftwege, Lungenschädigung, Erstickung, Erbrechen, farblose Flüssigkeit bzw. Gas, schwerer als Luft, sehr giftig
Gelbkreuz Lost, Lewisit	In 4--6 Stunden Hautätzung, Blasenziehend, Augenschädigung, Lungenschädigung, dringt durch Kleider, zerfrißt das Schuhwerk, greift Metalle an

In allen Zweifelsfällen Sauerstoffgerät verwenden!
Erst die Sicherheit, dann die Arbeit!

Gegenmaßnahmen	Atemschutz
nicht mit Wasser löschen, Speziallöscher, am besten Schaumlöscher, Sand, Erde aufwerfen	Sauerstoffgerät, im Freien auch Gasmaske, Einsatz B
für reichliche Lüftung sorgen	Sauerstoffgerät, Einsatz A, Krankenhaus
für reichliche Lüftung sorgen	Sauerstoffgerät, Einsatz A, Krankenhaus
für Abzug nach oben sorgen; Räume nicht mit offenem Licht betreten	

Stoffe

Borwasser u. alkalische Augensalbe, Gurgeln m. Natronwasser, Riechen durch Chlorkalkpuder	S-Filter, bei stärkerem Auftreten Sauerstoffgerät
Ruhe, Kleiderwechsel, Wärme, Sauerstoff u. Augenborwasser. Liegender Transport in offenem Wagen, bald zum Verbandsplatz	S-Filter, bei stärkerem Auftreten Sauerstoffgerät
Vorsichtiger Kleiderwechsel. — Mit Chlorkalkbrei abwaschen od. Seifenlösung. Natronlaugenwasser und Salbe. Mit Natronwasser gurgeln.	S-Filter, bei stärkerem Auftreten Sauerstoffgerät

Zum Schutze gegen spritzende Säuren und Laugen oder Stichflammen Gasmaske aufsetzen!

5. Die Kampfstoffe und ihre nähere Erläuterung.

Der Sammelname aller der bei einem Luftangriff in Frage kommenden Gase ist „Kampfstoffe". Unter diesen versteht man die schon während des Krieges in Anwendung gekommenen Gase, wie Grün-, Gelb-, Blau- und Weißkreuz. Diese Farbenbezeichnung wiederum galt aber nur für die Geschützbedienung, um Verwechslungen vorzubeugen. Über die wissenschaftlichen Decknamen, die einzig und allein dazu dienten, den Feind irre zu führen, soll hier nicht eingegangen werden, da sie schließlich doch nicht ganz verstanden werden.

Grünkreuz.

Das bekannteste Gas unter dieser Bezeichnung ist: Phosgen. Die Wirkung auf den menschlichen Körper äußert sich einmal Tränen erzeugend, zum anderen Lungen zerstörend, indem es die Wandungen der Lungenbläschen zerstört. Die Blutflüssigkeit durchdringt die Lungengewebe, so daß man in seinem eigenen Blut erstickt. Es genügt schon die kleine Menge von $^1/_{100}$ Gramm, um eine tödliche Wirkung herbeizuführen. Wird eine Gegend mit Phosgen verseucht, dann werden die Pflanzen kahl und vergilben. Die Gaswolken bewegen sich am Boden hin und bleiben in Versenkungen, wie Tälern, Mulden, Gräben usw. stundenlang sitzen. Ist die Konzentration einigermaßen stark, dann macht sich ein Geruch bemerkbar, der dem fauler Äpfel entspricht, also ähnlich wie beim Schwefelwasserstoffgas. Gefährlicher ist es, wenn die Konzentration schwach ist; denn dann wird die menschliche Haut nur wenig gereizt, und man merkt es nicht, daß man Phosgen einatmet. Erst nach 4—6 Stunden verspürt man die Folgen, die sich in schwersten Krankheitserscheinungen äußern und den Tod zur Folge haben können. Bei Regenwetter gibt es keine Phosgengefahr, da das Gas durch den Regen niedergeschlagen und gelöst wird. Trinkwasser und Lebensmittel werden von Phosgen nicht stark angegriffen, der Geschmack der Speisen aber leidet darunter. Phosgenvergiftete sind in liegendem Zustand und in offenem Wagen sofort zum Verbandsplatz zu bringen.

Gelbkreuz.

Als zweite Gruppe sind die Gelbkreuze zu nennen. Die Deutschen nennen es „Senfgas" oder auch „Lost"; die letztere Bezeichnung hat sich am meisten eingeführt. Die Amerikaner brachten schon während des Krieges ein ähnliches Präparat heraus und nannten es „Levisit", die Franzosen wählten den Namen „Yperit". Lost wirkt doppelt auf den menschlichen Körper:

1. durch die Einatmung,
2. durch Verbrennung der Haut.

Im flüssigen, unverdampften Zustande stellt sich Lost dem Auge als eine lackähnliche Flüssigkeit dar. Es durchschlägt die Kleidung, auch das normale Schuhwerk und hat eine sehr unangenehme, blasenziehende Wirkung auf die Haut. Im verdampften Zustande wirkt es wie Grünkreuz durch Verätzung der Lunge, ohne bei gleicher Menge die gleiche Giftigkeit zu erreichen. Während Grünkreuz als flüchtiges Gas durch die Luftbewegung, die in jedem Straßenzuge herrscht, verhältnismäßig schnell weitergetragen wird, und sich dadurch einesteils der Vernichtung entzieht, andernteils nur kurze Zeit zur Einwirkung hat, ist das unverdampfte Lost seßhaft und imstande, eine Gegend auf Wochen hinaus zu verseuchen, falls man es nicht erkennt und vernichtet. Die Vernichtung des Lostes geschieht in der Weise, daß man es zuerst mit größeren Wassermengen gut verdünnt. Den Rest vernichtet man mit Chlorkalk. Hat ein Mensch Lostspritzer bekommen, so muß er die vergiftete Kleidung sofort ausziehen. Sie ist durch Chlorkalk zu vernichten, bzw. so zu kennzeichnen, daß niemand sie anfaßt. Lostspritzer auf der Haut sind durch geeignete Lösungsmittel (Alkohol, Äther usw.) mit einem Wattebausch nach Möglichkeit zu entfernen, der Rest des Lostes ist durch Chlorkalkbrei zu vernichten. Ganz verfehlt ist es, das Lost auf der Haut unmittelbar mit Chlorkalk zu bestreuen. Die Wirkung von Lost auf Chlorkalk ist so heftig, daß sie die Haut stark verbrennen würde. Die Entgiftungstrupps sind mit Gummianzügen auszurüsten.

Lost hat einen schwachen Geruch nach Meerrettich oder Senf. Deshalb hat es auch die Bezeichnung Senfgas erhalten.

Lost greift alles an, sogar Metalle, Lebensmittel werden völlig ungenießbar.

Blaukreuz

reizt blitzartig die Atemwege und führt zu heftigem Niesen, Husten und Erbrechen, so daß man in die Versuchung kommt, die Maske vom Gesicht zu reißen. Deshalb wurde auch im Kriege gerne der Trick angewandt, „Buntfeuer“ zu schießen. Es wurde damit gerechnet, daß undicht verpaßte Masken oder ungeeignete Filtereinsätze vorhanden sind. Aus diesem

Grunde ist auch für Blaukreuz der Name „Maskenbrecher“ entstanden. Blaukreuz läßt sich, da es ein Schwebstoff ist, nicht mit der gewöhnlichen Filterfüllung binden, sondern verlangt ein Schwebstofffilter. Dieses ist in das S-Filter mit eingebaut.

Mit Blaukreuz bespritzte Haut ist mit Chlorkalk abzureiben. Klagt der Vergiftete über Brustschmerzen, so muß für vollkommene Ruhe gesorgt werden.

Sind Nahrungsmittel, Wasser, Milch usw. mit Blaukreuz in Berührung gekommen, so müssen diese vernichtet werden, da die Gefahr der Arsenvergiftung sehr wahrscheinlich ist.

Weißkreuz

wird heute vielleicht zu Unrecht nicht mehr als chemischer Kampfstoff angesprochen. Weißkreuz ist wenig giftig, übt indessen schon in geringster Konzentration einen unerträglichen Tränenreiz aus.

6. Die Atmung.

Neben einer guten Gas- und Gerätekenntnis ist aber auch eine tiefe Kenntnis der menschlichen Atmungsorgane notwendig, um

die Gasgeräte in ihrem Gebrauch zu verstehen,

wenn die normale Atmung aufgehört hat und dem Gerät angepaßt werden muß.

Die Atmung gehört zu den wichtigsten Vorgängen im menschlichen Körper; sie bewirkt die regelmäßige Zuführung des zum Leben notwendigen Sauerstoffes und Abführung der erzeugten Kohlensäure.

Die Atmungsorgane des Menschen werden gewissermaßen gesteuert durch das im verlängerten Mark (zwischen Hirn und Rückenmark) liegende Atemzentrum und bestehen aus den beiden Lungenflügeln, sowie den Luftkanälen, durch die die Luft der Lunge zugeführt wird. Die Lunge besteht aus zwei im Brustkorb hängenden Lungenflügeln, zwischen denen sich das vom Herzbeutel umgebene Herz befindet. Die Lunge wird von den in der Bauchhöhle liegenden Magen, Leber und Därmen durch das als Scheidewand dienende Zwerchfell getrennt.

Der Weg, den die Einatmungsluft nimmt, um in die Lungen zu gelangen, geht, beginnend in der Nasen- und Mundhöhle, durch den Rachen in den Kehlkopf, die Luftröhre, teilt sich in die beiden Lungenstämme, verzweigt sich dann in das Geflecht unzähliger kleiner Lungenästchen, um schließlich in den nur mit einem Vergrößerungsglase sichtbar werdenden äußerst dünnwandigen Lungenbläschen zu enden. Solcher Lungenbläschen besitzt der Mensch 160—180 Millionen, damit die Atmungsfläche eine sehr große wird. Durch die Wandungen der feinen Äderchen vollzieht sich bei jedem Atemzug ein lebhafter Gasaustausch.

Der Sauerstoff der frischen Luft tritt aus den Bläschen heraus, um von den feinen Äderchen (Haargefäßen) aufgenommen zu werden. Umgekehrt wird von den Äderchen die im Körper erzeugte Kohlensäure an die Lungenbläschen abgegeben. Um der Lunge reichlich Luft zuzuführen, muß eine tiefe, gleichmäßige Atmung stattfinden. Die Sauerstoffversorgung ist dann eine gute und wirkt wohltuend auf das Allgemeinbefinden des Körpers.

Ein mit Sauerstoff schwach durchsetzter Körper

ist niemals zu schwerer Arbeit fähig, besonders bei angelegter Maske. Bei einer tiefen, gleichmäßigen Atmung wird die Brusthöhle stark erweitert und die Lungenbläschen können sich sämtlich am Gasaustausch beteiligen. Ein kurzes, flaches Atmen dagegen hat eine ungenügende Sauerstoffversorgung zur Folge, die oft krankhafte Erscheinungen nach sich zieht.

Durch die Atmung befinden sich das Zwerchfell und die Rippenwandungen in einer dauernden und gleichmäßigen Auf- und Abbewegung. Der aus den Rippenwandungen bestehende Brustkorb hebt und senkt sich, während durch die Anspannung und das Nachlassen der Muskulatur, eine Abflachung, d. h. Senkung und danach eine Aufwölbung des Zwerchfelles stattfindet. Die Hebung bzw. Ausweitung des Brustkorbes fällt zusammen mit der durch die Anspannung der Muskulatur verbundenen Senkung des Zwerchfelles. Die Brusthöhle erweitert sich und erzeugt dadurch in der Lunge eine Verdünnung der Luft, die ein Nachströmen der Außenluft in die Lunge zur Folge hat (Einatmung). Bei der Ausatmung senken sich die Rippenwandungen, gleichzeitig entspannt sich die Muskulatur des Zwerchfelles, das sich daraufhin kuppelförmig aufwölbt. Beide Bewegungen wirken verkleinernd auf die Brusthöhle, wodurch die Lunge zusammengepreßt und die in ihr befindliche Luft ausgestoßen wird.

Beim Erwachsenen zählt man in der Minute in der Ruhe 16 bis 19 Atemzüge, während etwa 4 Liter Luft umgewechselt werden. Jedoch können sich bei erhöhter Körpertätigkeit die Atemzüge so steigern, daß die Atemgröße ca. 45 Liter in der Minute erreicht.

Wissenswert wird noch sein, daß der Erwachsene in 24 Stunden etwa 900 g Kohlensäure (das entspricht einer Menge von 250 g fester Kohle) und rund 500 g Wasser durch die Lunge abgibt. Aber auch die Hautatmung gehört mit zu den wichtigsten Vorgängen im menschlichen Körper. Durch diesen Vorgang gibt dieser in Form von Schweiß 400 ccm bis 2 Liter täglich ab. Die Atmung durch die Haut ist weit wichtiger, als man glaubt, denn wenn mehr als $^1/_3$ der menschlichen Haut durch Verbrennen außer Tätigkeit gesetzt wird, ist in der Regel wenig Hoffnung auf Wiederherstellung des Verunglückten vorhanden. Die Hautatmung vollzieht sich aber zum größten Teil durch die Ausatmung, was durch wissenschaftliche Versuche bestätigt wurde.

Die **Einatemluft** besteht aus 79% Stickstoff, 20,96% Sauerstoff und 0,04% Kohlensäure.

Die **Ausatemluft** besteht aus 79,58% Stickstoff, 16,04% Sauerstoff und 4,38% Kohlensäure.

Durch die Atmung werden von den 20,96% Sauerstoff 4—5% in Kohlensäure umgewandelt.

7. Die Grundlagen des Gasschutzes.

a) Die Grundtypen.

Die Gasschutzgeräte zerfallen in drei Grundtypen:

1. Die Filtergeräte;
2. Die Frischluftgeräte (Ansaug-, Druck- und Injektorgeräte);
3. Die Sauerstoffgeräte.

Bei den **Filtergeräten** verwenden die Geräteträger die umgebende verseuchte Luft, die aber vor

Eintritt in die Atmungsorgane erst durch ein Filter geführt wird, in dem die Gifte gebunden und vernichtet werden.

Die **Frischluftgeräte** führen dem Geräteträger durch eine Schlauchverbindung „frische Luft" zu.

Die **Sauerstoffgeräte** halten den zur Atmung notwendigen Sauerstoff vorrätig. Aus diesem Vorrat versorgt der Geräteträger seine Lunge, da diese von der atmosphärischen Luft völlig abgeschlossen ist.

Während die unter 1 genannten Geräte den leichten Gasschutz darstellen, bilden die unter 2 und 3 genannten den schweren Gasschutz.

Alle drei Typen unterscheiden sich wieder in ihrer Art in „offene", „geschlossene" und „frei tragbare" Geräte. Jeder Typ besitzt je zwei dieser genannten Eigenschaften. (s. Abb.)

„Frei tragbare" Geräte sind solche, mit denen sich der Geräteträger ungehindert überall hin begeben kann, eine Begrenzung also nicht vorhanden ist. Das sind die Filter- und Sauerstoffgeräte. Die Frischluftgeräte sind „nicht frei tragbar", da der nachhängende Schlauch die Bewegungsfreiheit stark einschränkt.

„Unabhängige" Geräte sind solche, die den Geräteträger unabhängig von der ihn umgebenden atmosphärischen Luft machen, also auch dann, wenn der Sauerstoffgehalt weniger als 15% ist. „Unabhängig" sind die Sauerstoffgeräte und die Frischluftgeräte, während die Filtergeräte vom genügenden Sauerstoffgehalt der Luft abhängig sind. Die Filtergeräte reinigen nur den Sauerstoff, können aber keinen liefern, wenn er fehlt.

„Offene" Geräte sind jene, welche mit der atmosphärischen Luft in Verbindung stehen. „Offene“ Geräte sind deshalb die Filtergeräte und das Frischluftgerät. „Geschlossene“ dagegen die Sauerstoffgeräte.

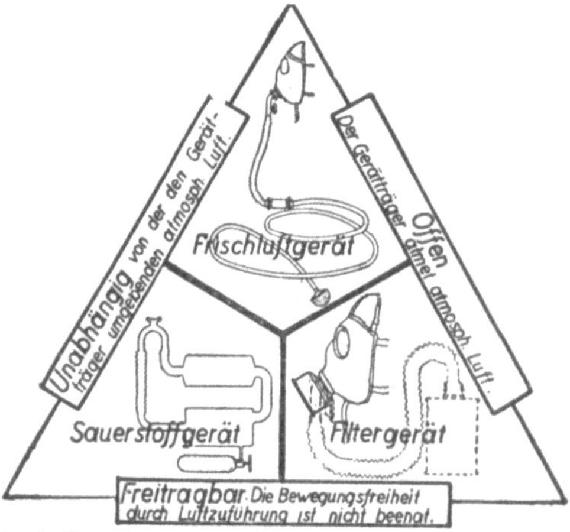

Die drei Grundtypen der Atemschutzgeräte. (Bild Degea.)

Zusammenfassend sind also:

Filtergeräte

„offene, frei tragbare Geräte,“

Frischluftgeräte

„unabhängige, offene Geräte,“

Sauerstoffgeräte

„frei tragbare, unabhängige Geräte.“

An Hand dieser klaren Darlegungen ist ohne weiteres zu verstehen, daß es von Vorteil ist, wenn ein Gerät „frei tragbar“ und „unabhängig“ ist. Der Vorteil des „offenen" Gerätes wiederum besteht darin, daß bei diesem der Sauerstoffgehalt der Luft Verwendung findet, man daher nicht auf den immerhin beschränkten Sauerstoffvorrat angewiesen ist, der im Sauerstoffgerät mitgeführt wird. Bei dem „offenen" Geräte ist deshalb die Gebrauchsdauer eine viel längere und billigere.

Alle diese genannten Geräte haben bei den Feuerwehren Eingang gefunden, da die Fälle bei der Brandbekämpfung ganz verschieden liegen und der Führer wissen muß, welches Gerät sich zum Einsatz eignet. Bei dem

Einsatz eines Gerätetypes

kommt es darauf an, die Gefahr genau zu erkennen. Soll eines von diesen drei Typs in Anwendung kommen, so sind zunächst die einfachsten und leichtesten zu wählen. Man wird also auf das Filtergerät zukommen. Durch praktische Versuche sowohl als auch in der Feuerpraxis hat sich das Filtergerät als eines der brauchbarsten und vielseitigsten herausgeschält, vorausgesetzt, daß noch genügend Sauerstoff zur Atmung vorhanden ist. Ist dieser bis 15% gesunken, dann ist es nicht mehr möglich, schwere Arbeiten zu leisten.

Ist dies nicht möglich, so wird man zum Frischluftgerät greifen müssen. Das geschieht meist in solchen Fällen, wo eine kurze und sichere Schlauch- oder Rohrverbindung mit der giftfreien Luft möglich ist. Sind aber beide genannten Gerätetypen nicht geeignet als Einsatzmittel, so wird man zum Sauerstoffgerät greifen müssen. Sollte der Führer den geringsten Zweifel haben, so soll er unbedenklich zu dem letzteren greifen. Alle diese drei Typen sind an die Gasmaske anzuschließen. Diese Art nennt man die „Maskenatmung“, zum Unterschied der „Mundatmung“. Die letztere Art kommt bei den Feuerwehren selten vor und verlangt noch den Augenschutz in Form einer Rauchbrille, sowie eine Nasenklemme.

b) Die Gasmaske

ist seit der Kriegszeit bis heute so vervollkommnet worden, daß wohl eine wesentliche Verbesserung nicht mehr zu erwarten ist. Im Gegensatz zur Kriegsmaske, deren Tot- oder Innenraum 800 ccm betrug, ist dieser bei den heutigen Masken auf ca. 250 ccm beschränkt. Ein allzu großer Totraum, unter dem man den lufthaltigen Zwischenraum zwischen Maske und Gesicht versteht, führte zu Unannehmlichkeiten, da sich in dem oberen Raum der Maske die sogen. „Residalluft“ bildet. Diese besteht aus Wasserdampf, Kohlensäure, aber auch aus dem anteiligen Stickstoff der verbrauchten Ausatemluft. Die Folge war, daß Kopfschmerzen und andere unangenehmen Erscheinungen auftraten.

Die Maske selbst besteht aus dem Maskenkörper (Leder oder Gummistoff, beides durch chemischen Prozeß gasdicht gemacht), Kopfbänderung (verstellbar zum Verpassen oder Einheitsmaske in drei Größen), Dichtrahmen (in jedem Falle aus weichem Leder, damit sich der Rand gut an das Gesicht anschmiegt), Kinnstütze (der Maskenrand darf nicht an die Gurgel stoßen und somit das Atmen erschweren), Nackenband, das der Maske den festen Sitz verleiht.

Die Sicht oder das Gesichtsfeld wird durch runde oder eierförmige Öffnungen geschaffen, die durch Cellonscheiben verdeckt sind. Um ein Beschlagen durch das Wasser, das bei jedem Atemzug in der Lunge

Dräger-Ventil-Atemmaske aus Gummistoff mit Kampfstoff-Filter. (Bild: Dräger.)

erzeugt wird, zu verhüten, werden Klarscheiben eingesetzt. Diese sind ebenfalls aus Cellon hergestellt und mit einer Gelatineschicht überzogen, wodurch ein Beschlagen unmöglich gemacht wird. Beim Einsetzen der Klarscheiben ist darauf zu achten, daß die Aufschrift von innen zu lesen ist und daß dieselben nur am Rand anzufassen sind, da sonst die Schicht leidet. Wird die Klarscheibe rillig oder wellig, so muß eine neue eingesetzt werden. Ein linksseitig angebrachtes Ausatemventil erleichtert das Atmen. Im Gewinde für den Anschluß des Filters ist ein Dichtungsring angebracht. Auf das Vorhandensein dieses Ringes ist die allergrößte Sorgfalt zu verwenden, da ohne diesen keine Gewähr für einen gasdichten Anschluß des Filters vorhanden ist.

c) Das Verpassen der Masken

ist eine besonders feinfühlige Arbeit; es ist ein ganz genauer, gasdichter Sitz anzustreben. Sind die Masken verpaßt, so sind einige Nachprüfungen vorzunehmen. Um zunächst zu erkennen, daß die Maske nicht zu straff sitzt, ist ein Zeitraum von ca. 10 Minuten notwendig. (In dieser Zeit können schon Sprechübungen vorgenommen werden.) Stellt sich heraus, daß die um die Bänder liegenden Hautpartieen blau oder rot anlaufen, so sitzt die Maske zu straff, und es ist eine entsprechende Korrektur notwendig. Eine weitere Prüfung bezieht sich auf das Gegenteil. Man drückt den Daumenballen an das Rollgewinde und zieht Luft ein. Zieht sich der Maskenkörper zusammen, so kann angenommen werden, daß die Maske sitzt, zieht sich aber am Dichtrahmen Luft durch, so sitzt die Maske zu locker und muß nachgestellt werden.

Eine weitere und ganz genaue Prüfung auf genauen Sitz geschieht durch Tränengas (Bn), das durch Abschießen oder, wenn es pulverförmig ist, durch Entzündung in einem nicht zu großen Raum erzeugt wird. Zum Aufenthalt in dem Gasraum genügen 10 Minuten. Während dieser Zeit sind Freiübungen, wie Kniebeugen, Kopfrollen usw. vorzunehmen, um dem Reizgas Gelegenheit zu geben, in das Maskeninnere einzudringen. Das Tränengas ist ein nicht giftiges, aber um so radikaler wirkendes Reizgas molekularer Art, das noch durch die allerfeinsten Öffnungen dringt. Ziehen auch nur geringe Gasteilchen in den Innenraum der Maske, so tränen die Augen, die Maske sitzt also noch nicht dicht. Die geschilderten Maßnahmen sind bis zum Dichthalten der Maske fortzusetzen. Außer diesen Masken gibt es noch die Haubenmaske, die keine Bebänderung hat.

d) Die S-Maske und das S-Filter.

Die Angehörigen des Sicherheits- und Hilfsdienstes des zivilen Luftschutzes, des Werkluftschutzes und des Selbstschutzes (Luftschutzhauswarte und Hausfeuerwehren) werden einheitlich mit Gasschutzgeräten ausgerüstet, die bestimmten, vom Reichsminister der Luftfahrt erlassenen Richtlinien entsprechen. Durch diese Richtlinien wird die erforderliche Schutzleistung und Austauschbarkeit aller Teile der Geräte gewährleistet.

Für den Filterschutz ist an Stelle der früheren Modelle hierfür die S-Maske mit S-Filter geschaffen worden. Die S-Maske entspricht hinsichtlich der Bänderung usw. der hier abgebildeten Dräger-Maske, nur daß das Ausatemventil unter das Filter verlegt ist. Außerdem hat diese Maske ein Einatemventil erhalten, das sich bei der Einatmung öffnet und bei der Ausatmung schließt. Das Kondenswasser der Lunge wird durch das Ausatemventil ins Freie befördert, kann also nicht in die Filtermasse eindringen und dessen Gebrauchsfähigkeit zeitlich herabsetzen.

Die S-Maske wird in drei Größen (I, II, III) hergestellt. Am meisten wird Größe II in Frage kommen.

Das S-Filter ist ein Universalfilter. Es schützt gegen sämtliche Kampfstoffe, sowie gegen alle in der Industrie vorkommenden sauren Gase, Dämpfe, Rauche und Nebel, außer Kohlenoxydgas, Generatorgas, Leuchtgas usw. Da es aber auch gegen Rauche und Nebel schützen soll, sind andere Maßnahmen erforderlich als bei den Giftgasen. Die Rauch- und Nebelteilchen sind wesentlich größer als die Gasmoleküle und haben keine so lebhafte Eigenbewegung. Um aber einen Gesamtschutz zu erzielen, ist das S-Filter mit einem hochwertigen Schwebstoff-Filter ausgestattet worden, das allen Ansprüchen gerecht wird.

Wie alle Filter verlangt auch das S-Filter das Vorhandensein von mindestens 15% Sauerstoff.

Soll die S-Maske in Verbindung mit dem Sauerstoffgerät benutzt werden, so ist das Einatemventil zu entfernen und das Ausatemventil durch eine besonders zu beschaffende Vorrichtung zu verstopfen. Das letztere gilt auch beim Einsetzen des G-Filters bei Blausäure und des K-Filters bei Ammoniakgasen.

e) Das Filter und seine Entstehung.

Filtrieren heißt durchseihen. Genau wie schmutziges Wasser oder solches, das von irgendwelchen Bestandteilen gereinigt werden muß, ehe es seiner Zweckbestimmung zugeführt werden kann, wird durch das

Gasmaskenfilter die Luft „durchgeseiht“, d. h. etwaige Giftstoffe, die in der Luft enthalten sind, werden durch das Filter gebunden und vernichtet.

Die Reinigung der verseuchten Luft kann auf verschiedene Art erfolgen. In der Literatur werden die verschiedenen Gifte mit dem Sammelnamen „Atemgifte“ bezeichnet. Die Verschiedenartigkeit dieser Atemgifte stellte Gaswissenschaftler und Gastechniker vor eine schwere Aufgabe, die aber heute, nach vielen und jahrelangen Versuchen, als gelöst betrachtet werden kann oder kurz vor dem Abschluß steht.

Die Verschiedenartigkeit der Atemgifte besteht darin, daß jedes eine andere Methode äußerte und dementsprechend behandelt werden mußte, um die Gifte an die Kornwandungen zu bringen, und dort deren Vernichtung herbeizuführen.

Als Atemgifte können alle die Stoffe wirken, welche in so feiner Verteilung in der Luft enthalten sind, daß sie in dieser schweben. Dadurch kommen sie mit der Einatemluft in den Organismus und üben dort ihre schädliche Wirkung aus.

Atemgifte sind: Staube, Rauche und Nebel, Gase und Dämpfe.

Die Staube werden dann gefährlich, wenn ihre Teilchen so klein sind, daß sie längere Zeit in der Luft schweben.

Rauche und Nebel können nur im Ultramikroskop festgestellt werden. Man kann auf Grund geeigneter Messungen wohl ihre Größe, nicht aber ihre Form feststellen. Sind die Teilchen fest, so spricht man von Rauchen, während Nebel sich in Flüssigkeitströpfchen äußert.

Bei Gasen und Dämpfen befindet sich der Stoff in der Luft in molekularer Art, d. h. die Teilchen sind so klein, daß sie selbst im Ultramikroskop nicht beobachtet werden können. Die Gase haben meist noch das Bestreben, sich gleichmäßig im ganzen Raum zu verteilen.

Als sinnfälliges Beispiel von der Verschiedenartigkeit des zu schaffenden Filterfüllmaterials, bzw. den Maß-

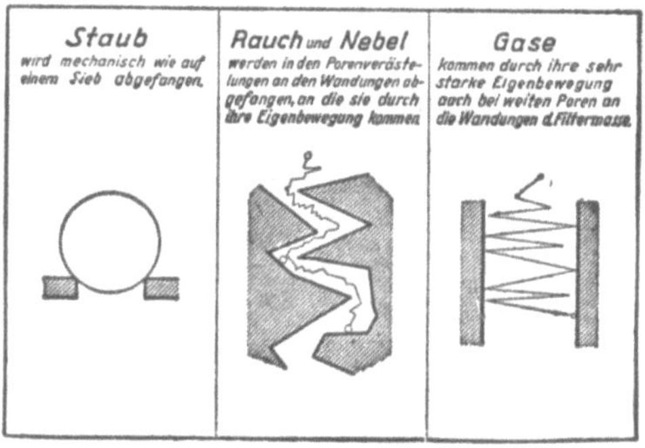

Wirkungsweise von Atemfiltern.

nahmen, die Atemgifte abzufangen und an die Kornwandungen zu bringen, soll obige Abbildung zur Veranschaulichung dienen.

Bei der Forschung nach einem geeigneten Filterfüllmaterial ist für Gase und Dämpfe ein gekörntes Material erkannt werden. Es werden unregelmäßige, möglichst zerklüftete Körner von 1—2 mm Durchmesser verwendet, die zwischen Sieben und dünnen Watteschichten in der Filterbüchse zusammengehalten werden. Der Filtervorgang ist an 2 Forderungen gebunden:

1. müssen die Giftgasmoleküle an die Kornwandungen gelangen und

2. müssen sie dort gebunden und vernichtet werden.

Die lebhafte Eigenbewegung der Gase kommt zwecks Erfüllung der unter 1 genannten Bedingung zur Hilfe. Die unter 2 genannte Bedingung, nämlich die Bindung und Vernichtung der Giftgase an den Kornwandungen, kann nach drei Prinzipien erfolgen:

a) durch die chemische Bindung,

b) durch Ansaugung,

c) durch eine katalytisch ausgelöste chemische Gegenwirkung.

Zur chemischen Bindung verwendet die Gasschutzindustrie Bims und Diatomit, ein aus Kieselgur hergestelltes, sehr poröses Ziegelmaterial. Da aber die chemische Bindung nur durch Flüssigkeiten erfolgen kann, dies praktisch aber nicht möglich ist, wird das eben genannte Filterfüllmaterial mit dieser chemischen Substanz getränkt. Durch diese Methode werden anorganische Giftgase, wie Salzsäure, schweflige Säure, Ammoniak, Schwefelwasserstoff, Blausäure, Halogene und Phosgen absorbiert, chemisch gebunden.

Zur Ansaugung der Giftgase hat sich die „Aktive Kohle" bis heute am besten bewährt, ja, sie ist ein unentbehrliches Filtermaterial geworden. Es ist dies Holzkohle, Torfkohle oder Obstkernkohle, welche durch ein besonderes Verfahren außerordentlich großoberflächig gemacht wird, dadurch, daß das Korn von feinsten Haarröhrchen durchsetzt ist. Auf dieser großen Oberfläche wird der Dampf festgehalten. Die „Aktive Kohle" wirkt sehr unspezifisch und hält alle Giftgase zurück, die genügend leicht kondensierbar sind. Dadurch bietet sie einen befriedigenden Schutz für außerordentlich viele Giftgase.

Mit Hilfe des eben beschriebenen Filterfüllmaterials, also desjenigen, welches die Giftgase chemisch bindet, und desjenigen, welches sie ansaugt, ist ein sehr guter Schutz gegen alle Giftgase, außer dem Kohlenoxydgas, das ein Filter besonderer Art (Katalysator) verlangt, gefunden worden.

Die Gasschutz-Industrie stellt Filtereinsätze für ein Gas bestimmt (Spezial-Einsätze) und für mehrere Gase bestimmt (Universal-Einsätze) her. Während die erstere Art nur ein bis zwei Schichten aufweist, haben die letzteren zwei bis drei Schichten.

In Ausbildungslehrgängen werden mit großer Regelmäßigkeit zwei Fragen gestellt:

1. Wie lange hält eine Gasmaske?
2. Wie lange schützt ein Filter-Einsatz?

Die erstere Frage ist schnell beantwortet: Nach eingehenden Versuchen und in der Praxis hat sich herausgestellt, daß eine Gasmaske unter Rücksichtnahme auf die vorgeschriebene pfleglichste Behandlung 10 Jahre lang Verwendung findet, ohne daß Versager eintreten.

Nicht so schnell und einfach läßt sich die zweite Frage beantworten. An Hand nachstehender Abbildungen ist zunächst ersichtlich, wie ein Filter im Innern aussieht und wie die einströmenden Gase, durch Punkte angedeutet, von der Filtermasse festgehalten werden. Die Giftgasmoleküle setzen sich an den Filterwandungen fest und werden vernichtet. Sind nun die

Filterwandungen mit den Giftgasen gesättigt und nehmen keine Gase mehr an, so riecht der Maskenträger das Gas durch, was durch den charakteristischen Geruch des in Frage kommenden Gases bedingt ist. Tritt der Maskenträger sofort den Rückzug an, so ist die Gefahr einer Vergiftung ausgeschlossen. Das

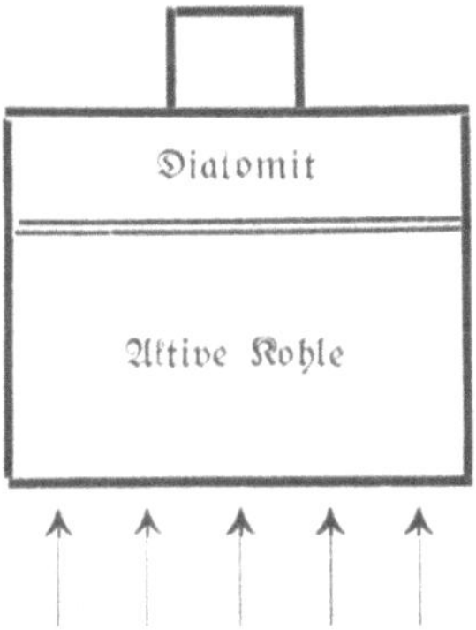

Schematische Darstellung des Innern eines Filters

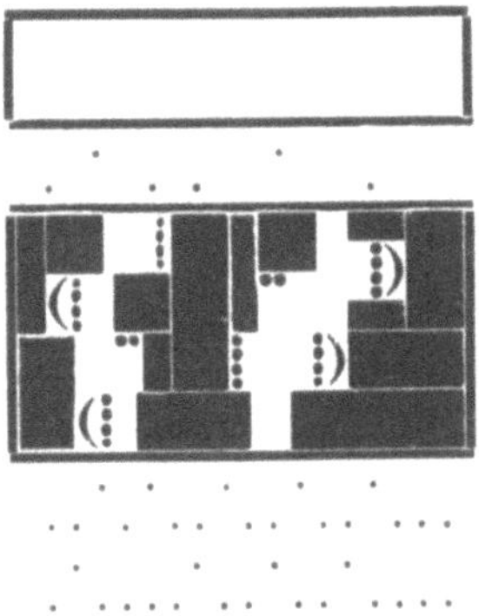

Schematische Darstellung von der Wirkung und Tätigkeit eines Filters

Filter ist also unbrauchbar geworden. Eine bestimmte Zeitdauer ist hierfür nicht anzugeben, da dies wieder davon abhängig ist, wie oft und in welchen Konzentrationen das Filter in Benutzung genommen wurde und wie groß der Filterinhalt ist. Das S-Filter beim Luftschutz ist deshalb fast von doppelter Größe wie die sonstigen von den Feuerwehren im normalen Dienstgebrauch verwendeten, weil es größeren Anforderungen genügen soll.

Bei starken Gaskonzentrationen ist deshalb Vorsicht

am Platze. In allen Zweifelsfällen ist anzuraten, vom leichten Gasschutz, den nun einmal ein Filtergerät darstellt, abzusehen und den schweren Gasschutz in Anwendung zu bringen.

Weiter verspürt man in der Feuerpraxis bei Verwendung der Filter-Einsätze, besonders in starken Rauchgasen ein Kratzen im Hals. Dies ist kein Fabrikationsfehler, sondern ist dadurch bedingt, daß sich im Rauch Reizstoffe befinden, die sich nicht binden lassen, sondern „durchschlagen". Bei längerem Verweilen im Rauch verliert sich das Kratzen, verstärkt sich aber, wenn man spricht, etwa dann, wenn sich die Gas- oder Feuertaucher über die vorgefundene Brandlage austauschen. Eine Hilfe oder Gegenmittel bringt der

Schnappdeckel

oder auch Vorsatzfilter genannt. In diesem ist eine auswechselbare Watteschicht eingelegt, die die Reizgase, aber auch gröbere Teile des Rauches oder Staube festhält, gleichzeitig verhütend, daß sich der Filterboden schnell verstopft und das Filter vorzeitig unbrauchbar macht. Bei Benutzung der Schnappdeckels muß der Maskenträger natürlich auch einen größeren Atemwiderstand überwinden.

Die Filtereinsätze sind trocken aufzubewahren, da durch die Nässe das Filter leidet und unbrauchbar wird. Es kann im Brandfalle vorkommen, daß ein Rohrführer einen Filterboden anspritzt. In solchem Falle ist das Filter vollständig unbrauchbar geworden und ist sofort durch ein neues auszuwechseln.

f) Das CO-Filter (Katalysator).

Wie schon erwähnt, verlangt das hochgiftige, heimtückische Kohlenoxydgas, das in den Verbrennungs-

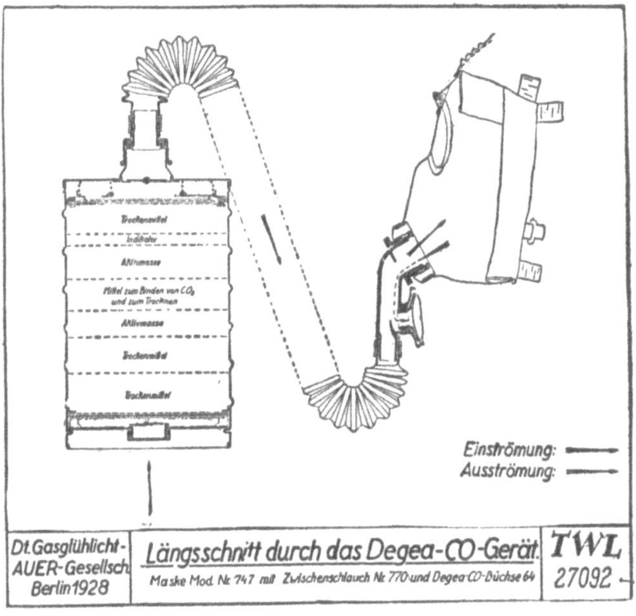

Längsschnitt durch das Degea-CO-Gerät. (Bild: Auer.)

gasen, sowie auch im Leuchtgas enthalten ist, einen Filter besonderer Art. Zur Entfernung dieses Gases aus der Luft verwendet die Gasschutzindustrie außer der aktiven Kohle noch Katalysatoren[1]). Die bisher beschriebenen Mittel scheiterten an der chemischen Trägheit und der hohen Flüchtigkeit des Kohlenoxydgases. Es gelang zunächst ein Metalloxydgemenge zu finden, das die Fähigkeit hat, katalytisch auch bei den niedrigsten zu erwartenden Außentemperaturen das Kohlenoxyd mit Hilfe des Sauerstoffes der Luft zu Kohlensäure herunterzubrennen. Letztere wird leicht durch Natronkalk gebunden. Heute wird ein Gemenge von MnO_2 (Mangan + Sauerstoff) und CuO (Kupfer + Sauerstoff) angewandt. Dieses Metalloxydgemenge ist aber nur wirksam, solange es trocken ist. Würde die Ein- und Ausatemluft keine Feuchtigkeit enthalten, so könnte das Filter unbegrenzt lange wirken. Da dies nun aber nicht möglich ist, wurde der Katalysator in Trockenmittel gelegt. Wie aus der Abbildung ersichtlich, sind am Filterboden zwei Trockenmittelschichten, dann folgt die Aktivmasse, dann die Schicht zum Binden von Kohlensäure, gleichzeitig auch trocknend, wieder Aktivmasse, der Indikator und schließlich noch eine Trockenmittelschicht.

Da bei der Ausatmung ein großer Teil des Kondenswassers der Lunge durch das angebrachte Ausatemventil entweicht, ist oben nur eine Trockenmittelschicht nötig.

Ein weiterer wichtiger Punkt ist nun die Gebrauchsdauer dieses CO-Filters. Während bei den anderen Filtergeräten diese Frage nicht so schwierig ist, weil der Geräteträger durch den charakteristischen Geruch der

---

[1]) Katalysator = Stoff, der die Geschwindigkeiten einer Reaktion (Gegenwirkung) ändert.

durchschlagenden Gase gewarnt wird, aber das Kohlenoxydgas vollständig geruch- und geschmacklos ist, lag nun die Gefahr nahe, daß der Geräteträger verunglücken könnte. Die Gasschutzindustrie wendet deshalb zur Vermeidung von Unfällen einen chemischen Anzeiger, den „Indikator“ (Warnschicht) an. Diese Schicht besteht aus Kalziumkarbid. Läßt nun durch Eindringen von Wasser der Katalysator in seiner Wirksamkeit nach, so entwickelt der Indikator oder das Kalziumkarbid Azetylen. Dieser bekannte Geruch des Azetylengases, das jedem Kind bekannt sein dürfte, deutet dem Geräteträger an, daß das CO-Filter erschöpft ist und unbrauchbar geworden ist.

Das CO-Filter hat infolge seines großen Rauminhaltes auch eine größere Gebrauchsdauer. Sie beträgt bis zu 15 Stunden. Die Sauerstoffgrenze darf nicht unter 17 % liegen.

Neben Kohlenoxydgas schützt das CO-Filter, das ein Universalfilter ist, in besonderem Maße gegen Tetrachlorkohlenstoff, Benzol, Phosgen, schweflige Säure, Ammoniak, Blausäure, Salzsäure, Schwefelwasserstoff und gegen alle Gase.

g) Das Frischluftgerät

oder Schlauchgerät führt dem Gas- oder Feuertaucher die reine natürliche Atemluft von einer Stelle zu, die von Giftgasen frei ist. Einfach und ungekünstelt ist es neben der Billigkeit während des Gebrauches das sicherste Gerät beim Arbeiten in verseuchter Luft. Die Luftzuführung kann durch Ansaugen, durch eine Luftpumpe oder Blasebalg oder einen Injektor erfolgen. Der Injektor besteht aus einem Sauerstoffzylinder

Frischluft-Ansauggerät.
(Bild: Dräger.)

Frischluft-Druckgerät (Injektor).
(Bild: Dräger.)

mit Düse. Der aus der Düse ausströmende Sauerstoff saugt seitlich Luft an und drückt dieselbe dem Geräteträger durch den Schlauch zu.

Bei den Saugschlauchgeräten darf der Schlauch nur ca. 25 m lang sein, da es der Atemmuskulatur nicht möglich ist, größere Spannungen und Strömungswiderstände zu überwinden.

Sind größere Längen erforderlich, so kommen die erwähnten Drucktypen in Anwendung. Handelt es sich um einen Injektor, so liegt die Grenze bei 100 m, während bei einer Luftpumpe der Schlauch bis zu 200 m lang sein kann.

Schlauchgeräte sind zweckmäßig zu gebrauchen zum Einsteigen in Tanks und Kesselwagen, in welchen sich unter Umständen hohe Giftgaskonzentrationen ausbilden können, zum Einsteigen in Brunnenschächte, zum Arbeiten in Gärkellern, Eindringen in verqualmte Keller.

Die Gebrauchsmöglichkeit ist eben leider durch den nachhängenden Schlauch sehr beschränkt, ein Umstand, der das sonst so wertvolle Gerät in seiner Anwendungsmöglichkeit wesentlich herabsetzt.

h) Das Sauerstoffgerät,

auch Kreislaufgerät genannt, ist ein Gerät, das den Träger von der ihn umgebenden Luft vollständig unabhängig macht, d. h. er atmet „Apparatluft“.

Im Bergbau kommen solche von 2 Stunden Gebrauchsdauer zur Verwendung, während bei den Feuerwehren usw. der 1-Stunden-Typ zur Einführung gekommen ist.

Die Bestandteile sind folgende: Gehäuse, Einatemschlauch (L_1), Ausatemschlauch (L_2), Einatemventil (O^1), Ausatemventil (O^2), Warnsignal (Si), Atembeutel (A), Überschußlüftungsventil (Ue), Lungen-

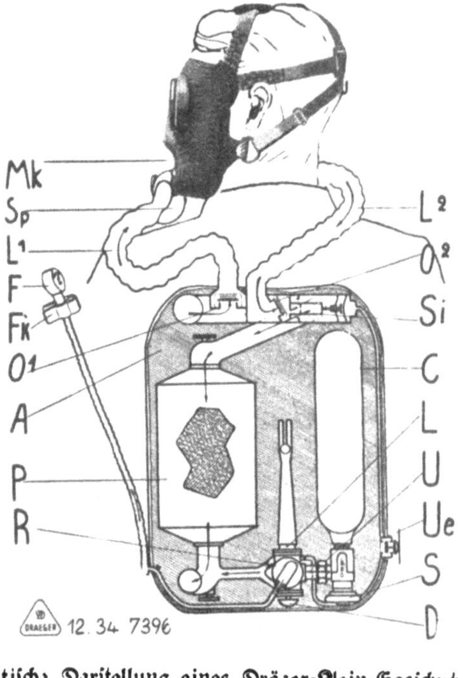

Schematische Darstellung eines Dräger-Klein-Gasschutzgerätes (Sauerstoffgerät)

automatische Dosierung (L), Druckreduzier- und Dosierungsventil (R), Druckknopfventil für Zusatzsauerstoff (D), Patrone (P) und Anschlußmutter.

Die Wirkungsweise

ist folgende: Die Atmung geschieht durch Lungenkraft. Die ausgeatmete kohlensäurehaltige Luft strömt vom Munde durch den Atmungsschlauch (Warnsignal bei Sauerstoffmangel) vorbei durch das Ausatemventil, das Umleitungsrohr zur Alkalipatrone, streicht von dort, von Kohlensäure befreit, in den Atemsack. Aus dem Sauerstoff-Zylinder, bei 150 at Anfangsdruck 150 Liter Sauerstoff fassend, strömen durch Vermittlung des Druckminderventils und der Dosierung minutlich $1^1/_2$—2 Liter in den Atemsack, wo Auffrischung der von Kohlensäure befreiten Luft mit Sauerstoff geschieht. Die Einatmungsluft strömt durch das Einatemventil und durch den Einatemschlauch der Maske zu. Überschüssige Luft im Gerät wird durch das selbsttätige Überschußlüftungsventil abgeblasen.

Überschreitet der Sauerstoffbedarf bei schwerster Arbeit das Dosierungsmaß von $1^1/_2$—2 Liter in der Minute, dann kann der Geräteträger durch Druck auf das Druckknopfventil Zusatz-Sauerstoff entnehmen. Bei dem lungenautomatischen Gerät strömt der Mehrbedarf automatisch durch die lungenautomatische Dosierung zu. Das Gerät wird als Schulterschlauchtyp und als Seitenschlauchtyp hergestellt und stellt heute den Standardtyp der europäischen Feuerwehr-Gasschutztechnik dar.

Vorsichtsmaßregeln.

Wird die Arbeit einmal unterbrochen und später wieder aufgenommen, so ist darauf zu achten, daß die Patrone nicht erkaltet ist; kalte Patronen sind für Ernstfälle unbrauchbar!

Gebrauchte Sauerstoffzylinder sind mittels Vorratsmesser auf Sauerstoff-Inhalt zu prüfen, wieviel Liter noch vorhanden sind. Dies geschieht durch Errechnung, indem man den tatsächlichen Zylinder-Inhalt mit dem Zeigerstand multipliziert.

Beispiel: Der Sauerstoff-Zylinderinhalt beträgt 0,8 Liter, Zeigerstand 50. — $50 \times 0{,}8 = 40$ Liter. Wie vorher erwähnt, werden minutlich 2 Liter Sauerstoff abgegeben, folglich kann das Gerät nur noch 20 Minuten in Benutzung genommen werden.

Hat der Geräteträger vergessen, das Verschlußventil zum Sauerstoffzylinder zu öffnen, so tritt unbedingt Sauerstoffmangel ein. Um den Geräteträger hiervon in Kenntnis zu setzen, ist die Signalhupe eingebaut worden, die ein Warnsignal ertönen läßt, wenn kein Sauerstoff vorhanden ist.

Vor Ingebrauchnahme des Gerätes hat sich der Truppführer von der ordnungsgemäßen Beschaffenheit des Gerätes zu überzeugen und festzustellen:

1. Ob das Verschlußventil zum Sauerstoff-Zylinder geöffnet ist,
2. ob das Geräusch der Sauerstoffdosierung hörbar ist,
3. wie groß der Sauerstoffvorrat ist,
4. ob sich die Alkalipatrone erwärmt.

Eine weitere Prüfung gilt dem Atembeutel. Dieser ist solange aufzublasen, bis er vollständig prall ist. Bläst keine Luft ab, so ist er dicht.

Da die oben erwähnte Signalhupe bei Sauerstoffmangel erst seit einigen Jahren eingebaut wird, sind deshalb die älteren Apparate mit dieser Neuerung noch nicht ausgestattet. Dieses Fehlen bedeutet jedoch eine nicht zu unterschätzende Gefahr für den Apparatträger, indem er bei Sauerstoffmangel durch Stickstoffnarkose verunfallen kann. Das Unangenehme bei einer Stickstoffnarkose ist, daß der Geräteträger durchaus nichts davon bemerkt, sondern sich des schönsten Wohlbefindens erfreut. Die Anzeichen des Sauerstoffmangels sind: Schnellere Atemzüge, die Farbe des Gesichts, der Lippen und der Ohrläppchen wird blau. Wenn dem Verunfallten nicht sofort frischer Sauerstoff zugeführt wird, tritt unwiderruflich der Tod ein.

Weiter ist zu beachten, daß, wenn das Sauerstoffgerät in Verbindung mit Masken mit Ausatemventil in Gebrauch genommen wird, dieses durch das Stoppventil zugesetzt werden muß. Wird dies unterlassen, so strömt ein Teil des zur Atmung bestimmten Sauerstoffes ungehindert durch das Ausatemventil. Die Folge ist eine erhöhte Betätigung des Zusatzventils und eine schnellere Entleerung des Sauerstoffzylinders.

7. Grundregeln für den leichten Gasschutz (Filter).

1. Ein von körperlicher Anstrengung erschöpfter Mann soll die Gasmaske erst dann aufnehmen, wenn er wieder normal zu atmen beginnt.

2. Die Maske nur dort aufsetzen, wo reine Luft vorhanden ist, damit die Lungen nicht schon vorher belastet sind.

3. **Nur die zugeteilte und bewußt genau verpaßte Gasmaske verwenden. Auf dem Brandplatz dürfen Masken nicht verpaßt werden.**

4. Vor dem Anschrauben des Filters hat man sich davon zu überzeugen, daß der richtige Einsatz eingeschraubt wird und der Ölverschluß abgerissen ist.
5. In verqualmte Räume darf ohne Führungsleine nicht eingedrungen werden. Ist der Brandherd gefunden, so ist sofort für Abzug des Rauches Sorge zu tragen.
6. **Nicht einzusetzen sind Filtergeräte** bei Kellerbränden aller Art, in geschlossenen oder schlecht belüftbaren Räumen, in denen Kohlen oder Chemikalien brennen, in ober- oder unterirdischen Tanks aller Art, in Gruben, Schächten, Brunnen, Kanälen, Senkgruben usw., die Stickgase und zu wenig Sauerstoff enthalten können, bei Leuchtgasausströmungen und Kohlenoxydgefahr. 15% Sauerstoff müssen noch vorhanden sein.
7. In allen Zweifelsfällen ist der schwere Gasschutz einzusetzen. Wagnisse haben zu unterbleiben.
8. Die Pflege und Instandhaltung der Gasgeräte untersteht im allgemeinen dem Gerätewart. Dennoch gehört mit zum unbedingten Dienst jedes Gastruppmannes, seine ihm zugeteilte Maske pfleglichst zu behandeln und sich in kürzeren Zeiträumen selbst von der ordnungsgemäßen Beschaffenheit seiner Maske zu überzeugen.

8. Übungen mit den Masken.

Das Anlegen der Masken geschieht nach Kommandos, damit sich der Maskenträger schnell an die aufeinanderfolgenden, einzelnen Handlungen gewöhnt.

Maske zum Angriff fertig!

Der Helm wird abgenommen, der Sturmriemen eingehängt und die Maske dem Behälter entnommen. Gehört ein Verbindungsstück dazu, so ist dasselbe anzuschrauben. Maske in der rechten Hand.

Maske aufnehmen nach Zählen Tempo 1!

Die Maske wird von der linken Hand mitergriffen, Daumen und Zeigefinger spreizen sich so, daß die Kopfbänderung auseinandergehalten wird und nicht verfitzt.

Tempo 2!

Das Kinn bohrt sich in die Kinnstütze und der Dichtrahmen sitzt lose auf dem Gesicht.

Tempo 3!

Die Kopfbänderung wird über den Scheitel gezogen, zurechtgerückt und der Maskenrand mit den Fingern abgedichtet.

Tempo 4!

Der Nackenriemen wird eingehängt. Helm auf!

Luftsaugprobe! — Filter einschrauben!

Maske abnehmen nach Zählen Tempo 1!

Der Helm wird abgenommen, der Nackenriemen gelöst, das Filter abgeschraubt und die Maske mit beiden Händen am Kinn gefaßt.

Tempo 2!

Die Maske wird nach oben geschoben, abgenommen, ausgewischt und in den Behälter getan.

Von ganz großer Wichtigkeit sind die

Übungen mit den Filter-Einsätzen,

besonders beim Luftschutz. Wie bereits erwähnt, haben

die Kampfstoffilter den doppelten Rauminhalt den anderen Einsätzen gegenüber. Da es aber trotzdem in der Möglichkeit liegt, daß trotz des doppelten Inhalts die Filtermasse bald mit Giftstoffen derart getränkt ist, daß an ein Auswechseln gedacht werden muß, die Luft aber immer noch verseucht ist, so muß der Maskenträger lernen, den Filterwechsel auch in verseuchter Luft vorzunehmen. Am besten geschieht dies nach folgenden Regeln:

1. Die Lunge wird, ehe das unbrauchbar gewordene Filter abgeschraubt wird, ganz voll Luft gesogen.
2. Dann erst das Filter abschrauben, währenddem die Lunge beständig Luft abgibt, um zu verhindern, daß verseuchte Luft in das Maskeninnere eindringen kann.
3. Altes Filter wegwerfen, neues Filter, das selbstverständlich bereit liegen muß, einsetzen.

Dieser Vorgang muß **so geübt** werden, daß dazu ein Zeitraum von nur wenigen Sekunden benötigt wird.

9. Dienstordnung für den Gastrupp.

1. Die Übungen beginnen pünktlich. Es muß bei Fehlen oder Zuspätkommen ein wirklich triftiger Grund angegeben werden.
2. Während der Übungen oder auf Brandstelle ist die allergrößte Ruhe zu bewahren, jede Anordnung seitens der Führung ist sofort ohne jede Widerrede zu befolgen. Bei der am Schlusse jeder Übung oder Brandes stattfindenden Kritik werden die Wahrnehmungen besprochen, die abänderungs-

bedürftig sind. Auf Brandstelle ist die Führung in jedem Falle sofort aufmerksam zu machen, wenn Handlungen vorliegen, die Menschengefahr in sich schließen.

3. Die Signale sind sofort weiter zu geben und zu befolgen.
4. Auf Brandstelle sammelt der Gastrupp am Auto oder Gerätewagen der Steiger. Letzterer ist, je nach Lage des Brandobjektes, in unmittelbarer Nähe des Brandherdes unterzubringen. In jedem Falle bestimmt dies die Führung und haben die später eintreffenden Kameraden sich nach dessen Standort zu erkundigen.
5. Den Einsatz des Gastrupps bestimmt stets die Brandleitung.
6. Ein Vorgehtrupp besteht aus einem Führer (mit Kreislaufgerät) und 4 Mann, außer den auf Treppen, Gängen usw. aufgestellten Posten. Diese dienen zur Beaufsichtigung der Führungsleine, bzw. Schlauchleitung und zur Weitergabe von Wahrnehmungen und Befehlen.
7. Wird ein Vorgehtrupp eingesetzt, so hat außer den dazu bestimmten Kameraden kein anderer das Recht, den vergasten Raum wegen der vorhandenen Gefahr zu betreten. Der Reservetrupp übernimmt die Absperrung und hält sich bereit, bei etwaigen Gefahren seinen an der Front arbeitenden Kameraden zu Hilfe zu eilen, bzw. helfend und rettend einzugreifen.

Max Schmersow, Buchdruckerei für fremde Sprachen
Kirchhain N.-L.

März 1937.

Anhang.

Die Normung der deutschen Feuerwehrgeräte.

Als der Verfasser den Text zur „Kleinen Feuerwehrschule" schrieb, saß der Fachnormenausschuß im Feuerwehrwesen emsig an der Arbeit, um die heißersehnte Vereinheitlichung der Feuerwehrgeräte zu beraten und festzulegen. Daß diese Maßnahme wiederum nur der nationalsozialistischen Aufbauarbeit zuzuschreiben ist, verdient besonderer Erwähnung. Jedem ernsthaften Feuerwehrkamerad, der in seiner langjährigen Dienstzeit die Bezirks-, Verbands-, Landes-, Provinzial- und deutsche Feuerwehrtage besucht hat, wird es schon aufgefallen sein, daß allerorts andere Formen der Feuerwehrgeräte anzutreffen waren, in einer Vielheit, die nur mit einem Kopfschütteln beantwortet werden konnte. Mit dieser Vielheit hat der Normenausschuß gründlich, wenn auch mitunter nach hartem Kampf, aufgeräumt. Bis jetzt liegt das Ergebnis in nahezu 100 Normenblättern vor, die sich auf Spritzen, Pumpen, Leitern, Schlauchmaterial, Kupplungen, Hydranten, Gasgeräte und das verschiedene Kleinzeug erstrecken. Jeder Wehrführer ist verpflichtet, sich bei Neuanschaffungen und Neuanlagen und bei Instandsetzung oder Umbauten bestehender Anlagen künftig nur der vom deutschen Normenausschuß festgesetzten Normen zu bedienen.

Aber schon ehe diese Maßnahme ergriffen wurde, waren Normungen, besonders bei den Druckschläuchen und Kupplungen vorhanden, auf die auf Seite 63 der „Kleinen Feuerwehrschule“ hingewiesen ist.

Durch die Neufestsetzungen des Normenausschusses sind diese Normen hinfällig geworden.

Daß die Normung der Druckschläuche und Kupplungen ganz besonders wichtig ist, beweist die vorgeschriebene Einführung derselben durch einen Runderlaß des Reichsführers SS. und Chefs der deutschen Polizei im Reichsministerium des Innern und des Reichsministers der Luftfahrt und Oberbefehlshabers der Luftwaffe an die Polizeibehörden und Gemeinden, bis zum 1. Januar 1938. Für die Umstellung der vorhandenen, aber den Normen nicht entsprechenden Hydranten wird eine Frist von 5 Jahren gewährt.

Diese letzte Anordnung ist ganz besonders zu begrüßen, wenn auch die Durchführung an den Geldbeutel mancher Gemeinde harte Anforderungen stellen wird. Aber leider sind die Fälle nicht vereinzelt, daß die zur Löschhilfe herbeigeeilte Wehr eben nicht eingreifen konnte, weil die Kupplungen beider Wehren verschiedene waren. Nicht selten sind dadurch größere Brandkatastrophen entstanden, wie z. B. die völlige Zerstörung von Öschelbronn im Jahre 1933. Die Schlagkraft der Wehren untereinander wird durch die Normung der Geräte und Kupplungen hervorragend erhöht und die Zusammenarbeit mehrerer Feuerwehren wesentlich erleichtert.

Verleger und Verfasser der „Kleinen Feuerwehrschule“ halten es daher für ihre Pflicht, den veränderten Verhältnissen nachzugehen und diese wichtigen Neuerungen, die seit dem Erscheinen der „Kleinen Feuerwehrschule“ eingetreten sind, in einem Anhang zusammenzustellen und der „Kleinen Feuerwehrschule“ beizulegen. Die während der Abfassung des Buches bestehende Unsicherheit hat den Verfasser auch abgehalten, näher auf die Feuerlöschgeräte einzugehen, wie er dies auf dem Gebiete der Gasschutzgeräte getan hat, obwohl auch hier eine Normung in Bezug auf Bezeichnungen erfolgt ist, die auf einer besonderen Tafel erklärt werden.

Durch die Normung der Reichseinheitskupplung B **für 75er, C für 52er** und **D für 25er Schläuche** ist nach vielen Meinungsverschiedenheiten **der 52er Schlauch als Normalschlauch festgelegt worden.** (In Sachsen war dies in weit überwiegendem Maße der 45er Schlauch, der für das Berliner Feuerlöschgebiet aus wirtschaftlichen Gründen vorläufig auch jetzt noch beibehalten wird.) Auch der seit Jahren bestehende Meinungsstreit über die Einführung der Saugkupplung oder Saugverschraubung **ist endgültig zugunsten der Saugkupplung entschieden worden.** In Deutschland sind nunmehr folgende Schlauchweiten genormt: 100, 75, 52 und 25 mm. Sie werden kurz A-, B-, C- bzw. D-Schläuche genannt. Genormt sind ferner die Druckkupplungen für B-, C- und D-Schläuche und die Saugkupplungen für A- und B-Schläuche.

* * *

Richtigstellung.

Auf Seite 60 muß es bei der Behandlung über die Gefährlichkeit der Mineralöle in bezug auf den Entflammungspunkt der einzelnen Arten lauten:

Reines Benzol .... bei minus 8 Grad Celsius
Autobenzin .... bei minus 22 Grad Celsius

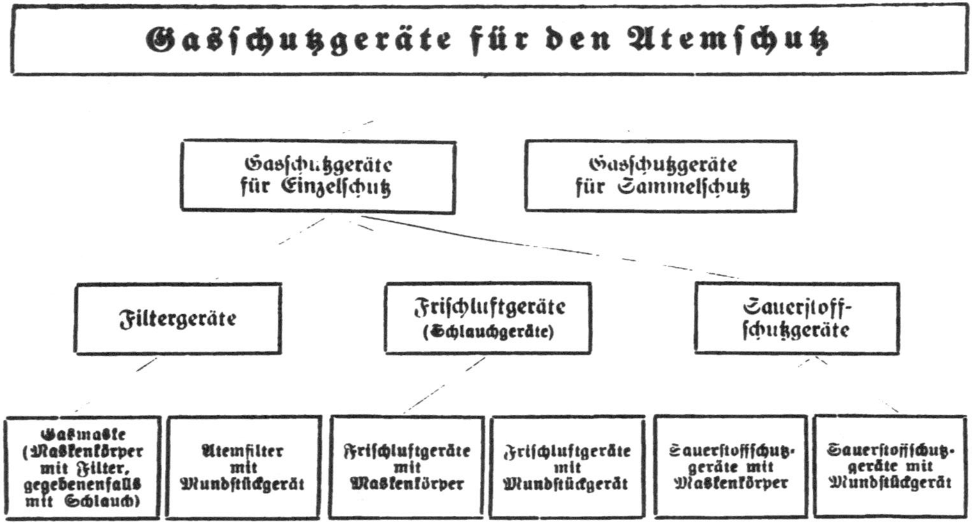

Nach der Einteilung der „Deutschen Normen" sind obenstehende Bezeichnungen für die einzelnen Gerätearten festgesetzt worden. (DIN 3180.)

Die Kraftspritzen.

1. Allgemeines.

Laut Verordnung des Reichsministers des Innern vom 18. 10. 36 sind die Gemeinden, auch die kleinsten, verpflichtet, Kraftspritzen, insbesondere Kleinkraftspritzen, zu beschaffen, wenn sie in die 7 ½ km-Zone fallen.

Der Grundsatz, daß der Mensch schwere Arbeit der Maschine überlassen soll, hat deutschen Erfindergeist, deutsches Können veranlaßt, dem Motor die Wasserbeschaffung in Brandfällen zu übertragen. Die vorwärtsstrebende Kraftspritzenindustrie hat es sich zum Ziel gesteckt, außer den Großkraftspritzen bis zu 2500 l/minutl. für Großbrände auch kleine billige Kraftspritzen herauszubringen, und zwar mit vollem Erfolg. Bei einigermaßen gutem Willen ist es jeder Gemeinde möglich, eine Kleinkraftspritze zu beschaffen, ebenso jeder Werkfeuerwehr. Die Vorteile der Kraftspritze gegenüber der Handdruckspritze sind ganz gewaltige, zumal die Technik die Kleinkraftspritze heute schon bis auf 1500 l/minutl. Wasserleistung gebracht hat, gegenüber höchstens 180 bei den Handdruckspritzen. Während zur Bedienung einer Handdruckspritze eine größere Anzahl Wehrmänner erforderlich ist, bleibt die Bedienung bei der Kleinkraftspritze auf ein paar Mann beschränkt.

Der Großkraftspritze gegenüber hat die Kleinkraftspritze wiederum die Überlegenheit, daß, da sie tragbar ist, auch in engen Strecken und Wegen, an kleinen Flüssen und Bächen, an Dorfteichen in Stellung gebracht werden kann. Außerdem ermöglicht das schlittenartige Untergestell im Winter oder bei sonstigen passenden Gelegenheiten ein Gleiten, anstatt Tragen. Dieser große Vorteil ermöglicht es, daß jetzt nicht mehr so oft die Löschhilfe der benachbarten Wehren in Anspruch genommen werden muß.

Während die einfache Bauart der Handdruckspritzen keine besondere Pflege und großen Unterhaltungskosten verursachte, erfordert die Kraftspritze dagegen eine um so gründlichere Behandlung.

Neben einer genauen Kenntnis des Motors, ist eine peinliche Pflege und Wartung der Kraftspritze unbedingt nötig, wenn nicht Versager eintreten sollen.

Die Pflege und Wartung der Kraftspritzen darf nur solchen Kameraden anvertraut werden, die ein gerüttelt Maß von Gewissenhaftigkeit und Liebe dazu besitzen. Sie müssen sich so in ihre Aufgabe hineinarbeiten, daß sie sich bei jedem Anlaß, bei jeder Stockung immer schnell zu helfen wissen und den Schaden sofort selbst beheben können. Das ist das Mindeste, was verlangt werden muß.

Bei Neuanschaffung einer Kraftspritze sind nur solche Kameraden zur Bedienung einzuteilen, die schon Motorkenntnisse besitzen und damit die Gewähr für eine einwandfreie Bedienung geben. Keine Laien oder „Lernende", die durch ihre Unkenntnis die Spritze verschandeln. Es ist leider nicht möglich, die „Kraftspritzen" in der „Kleinen Feuerwehrschule" erschöpfend zu behandeln, es kann nur auf die hauptsächlichsten und notwendigen Punkte hingewiesen werden. Um aber die „Kleine Feuerwehrschule" zu dem zu machen, was sie sein soll, kann auf die Behandlung der Kraft-, insbesondere der Kleinkraftspritze, nicht verzichtet werden.

2. Viertaktmotor.

1. Takt: Ansaugen, 2. Takt: Verdichten, 3. Takt: Zündung, 4. Takt: Auspuff.

3. Zweitaktmotor.

Die Kleinkraftspritzen sind größtenteils mit dem Zweitaktmotor ausgestattet. Die einzelnen Takte haben folgende Wirkung:

1. Takt: Der Kolben geht vom unteren Totpunkt zum oberen Totpunkt, dabei wird das Gas oberhalb des Kolbens verdichtet, unterhalb des Kolbens wird das Gas durch die Einströmöffnung in das Kurbelgehäuse gezogen.

2. Takt: Hat der Kolben den oberen Totpunkt erreicht, folgt die Zündung. Der Kolben geht abwärts und gibt den Auslaßkanal frei. Die verbrannten Gase strömen aus, fast gleichzeitig gibt der Kolben auf der Gegenseite den Überströmkanal frei, die im Kurbelgehäuse durch das Abwärtsgehen des Kolbens verdichteten Gase strömen in den Verbrennungsraum.

4. Inbetriebnahme.

Eine der wichtigsten Handlungen an der Kraftspritze ist die Inbetriebnahme, und sie geht folgendermaßen vor sich:

Erst wenn die Saug- und Druckleitung gelegt ist (die Druckleitung beim Innenangriff am besten vom Strahlrohr aus) und sich in bester Ordnung befindet, wird die Spritze angeworfen und der Motor auf gleichmäßigen Arbeitsgang geprüft. Bei einiger Übung dürfte dies nicht schwer fallen. Dann wird die Ansaugpumpe in Tätigkeit gesetzt und die Tourenzahl des

Motors entsprechend erhöht. Ist das Wasser angesaugt, was am Saugmanometer ersichtlich ist, so ist die Saugpumpe zurückzunehmen. (Ein geübter Feuerwehrmann hat das im Gehör.) Hiernach wird die Druckleitung geöffnet. Je nach Bedarf ist der Druck, welcher am Druckmanometer ersichtlich ist, zu regulieren. Sämtliche eintretenden Störungen sind am Manometer erkenntlich.

Die Ursachen der Störungen können verschiedene sein. Meistenteils liegen sie darin begründet, daß die Saugleitung Luft einzieht oder daß die Schutzhülle des Saugers durch Schlamm und sonstigen Unrat so verstopft ist, daß der Eintritt des Wassers zur Unmöglichkeit wird.

Die Fahrer haben sich die Verkehrsvorschriften so zu eigen zu machen, daß sie jederzeit bei vorkommenden Schwierigkeiten Herr der Lage sind.

Die Vergünstigungen (Vorfahrtsrecht usw.), die den Feuerwehrfahrzeugen in Ernstfällen zugestanden wurden, dürfen nicht zu der Annahme führen, daß die Feuerwehr auf der Straße tun und lassen kann, was sie will. Im Gegenteil, die Feuerwehr muß in bezug auf Verkehrsdisziplin mit den besten Beispielen vorangehen und die zugestandenen Rechte nicht mißbrauchen.

Die Signale richtig geben!

Durch einen Runderlaß des Reichsführers SS. und Chef der deutschen Polizei werden die Feuerlöschfahrzeuge grünen Anstrich erhalten und das Hoheitszeichen der Polizei führen.

Die Seele der Kraftspritze ist der Motor. Werden die im folgenden Absatz gegebenen Hinweise genau befolgt, so werden Versager nahezu zur Unmöglichkeit.

Behandlung von Motor-Feuerwehrgeräten.

I. Motor.

A. Schmierung beim Zweitaktmotor.

1. Zweitaktmotore haben meist Gemischschmierung, d. h. das Öl wird dem Kraftstoff zugesetzt. Das Mischungsverhältnis schwankt zwischen 1 zu 12 bis 1 zu 25 je nach Vorschrift der Lieferfirma. Die gebräuchlichsten Mischungen sind 1 zu 15 bis 1 zu 18.
2. Die vorschriftsmäßige Mischung ist stets auf Vorrat zu halten.
3. Vor dem Anlaufenlassen des Motors ist es notwendig, den Inhalt des Kraftstoffbehälters kräftig durchzuschütteln. (Behälter nicht ganz oben auffüllen.)

   Brennstoffhahn öffnen!

   Durch Öffnen des Ablaßhahnes am Schwimmergehäuse prüfen, ob Brennstoff im Vergaser stark ölhaltig; gegebenenfalls Betriebsstoff aus dem Vergaser vor dem Anlassen ablaufen lassen.

B. Schmierung beim Viertaktmotor.

1. Ölstand im Motorgehäuse am Ölschauglas oder durch den meist vorhandenen Öltauchstab dauernd überwachen.
2. Zur Schmierung des Motors nur bestes Markenöl verwenden, evtl. vorhandene Fettbüchsen sind mit säurefreiem Fett gut gefüllt zu halten.
3. Nach zweistündigem Betrieb Öl nach Bedarf nachfüllen.

Nach etwa 50 Betriebsstunden, bei älteren Maschinen früher, Öl im Kurbelgehäuse des Motors erneuern.

C. Ölprobe.

1. **Verbrauchtes Öl hat schwarzgraues Aussehen, verunreinigtes Öl ist bei Herausnahme des Ölkontrollstabes durch daran haftende schwarze Fasern oder sonstige Unreinheiten erkennbar.**
2. **Einige Tropfen Öl auf der Handfläche verreiben.** Starke Ölverdünnung macht sich durch petroleumartigen Geruch bemerkbar.

D. Ölerneuerung.

1. **Unmittelbar nach Außerbetriebsetzung des Motors Öl ablassen.** Das Öl ist dann noch warm und dünnflüssig.
2. **Gehäuse bis zur mittleren Marke am Ölkontrollstab mit dünnem Öl füllen. Motor etwa 4—6 Minuten lang mit geringen Drehzahlen in Betrieb setzen.**
3. **Dieses Öl dann vollständig ablassen. Sämtliche Ölsiebe säubern.**

   Die Durchspülung des Gehäuses mit dünnflüssigem Öl hat den Zweck, das alte, verbrauchte Öl, sowie die mechanischen Verunreinigungen aus dem Gehäuse zu entfernen.

   Petroleum oder Benzin zum Ausspülen des Gehäuses auf keinen Fall verwenden. Durch im Gehäuse verbleibende Rückstände würde das neue Öl verdünnt und die Schmierfähigkeit vermindert werden. Ebenso wird durch Petroleum oder Benzin der am Boden des Gehäuses befindliche

„Satz“ (Verbrennungs- und Ölrückstände) aufgelöst und mischt sich dem Schmieröl bei, was zur Verlegung der Ölleitungen führen kann.

4. **Frisches Markenöl auffüllen.**

E. Betrieb bei Kälte.

1. **Im Winter dünnflüssiges, sog. Winteröl verwenden. Während der kalten Jahreszeit den Motor bei Inbetriebnahme mehrere Minuten langsam warmlaufen lassen.**

   Das Öl ist nach dem Anspringen des Motors noch kalt und dickflüssig und kann nicht an die Kolben und Zylinderwandungen gelangen.

2. **Hohe Drehzahlen des Motors nach dem Anlassen vermeiden.**

   Es können sonst ernstliche Beschädigungen des Triebwerkes eintreten.

F. Brennstoffzuführung und Vergasung.

1. **Den Brennstoff durch ein feinmaschiges Sieb einfüllen.**

2. **Brennstoffbehälter gefüllt und mit Leitungen dicht erhalten. Benzinfilter, Brennstoffbehälter und Zuleitungen zeitweise reinigen.**

   Bei auftretender Grünspanbildung Brennstoffbehälter, Vergaser und Leitungen zerlegen und gründlich reinigen.

3. **Starkes Einspritzen beim Anlassen vermeiden.**

4. Bei Zweitaktmotoren ist nach Außerbetriebsetzung der Vergaser durch Öffnen des Ablaßhahnes zu entleeren. (Siehe auch A 3.)

G. Zündung.

1. **Ein Überölen vermeiden!**

   Zündapparate bedürfen nur geringer Wartung.

2. **Nach etwa 30 Betriebsstunden an die bezeichneten Stellen einige Tropfen Öl geben.**

3. **Unterbrecherkontakte, Verteiler und Schleifkohle müssen sauber sein. Der Abstand der Kontakte soll bei geöffnetem Unterbrecherhammer 0,4 mm betragen.**

4. **Zündungshebel beim Andrehen des Motors auf Spätzündung stellen.**

5. **Zündkabel auf guten Anschluß an beiden Enden prüfen.**

   Die Kerzen dürfen nicht an heißen Motorteilen aufliegen.

6. **Zündkerzen möglichst nach jeder Benützung des Gerätes reinigen. Der Abstand der Elektroden soll nicht größer als 0,4 mm sein.**

   Die richtige Wahl einer Zündkerze ist für das einwandfreie Arbeiten des Motors ausschlaggebend; nicht alle Zündkerzen eignen sich für jeden Motor gleich gut. Diesbezügliche Vorschriften der Lieferfirma sind zu beachten.

   Die Zündkerzen dürfen

   a) nicht verschmutzen,

   b) keine Glühzündungen geben, das heißt:

      Die Zündkerzen müssen während des Betriebes so heiß werden, daß sie ihre Selbstreinigungstemperatur erreichen, aber nicht zum Glühen kommen und selbst zünden. Überhitzte Zündkerzen sind durch Perlbildung an den Elektroden erkennbar.

H. Ventile.

1. **Das Spiel zwischen Stößelschraube und Ventilschaft muß bei kaltem Motor 0,2—0,3 mm betragen.**
2. **Nach etwa 100 Betriebsstunden Ventile nachschleifen. Insbesondere wenn die Ventile durchblasen und die Verdichtung in den Zylindern nachgelassen hat.**

I. Kühlung.

1. **Kühlsystem mit möglichst kalkarmem Wasser auffüllen. (Hartes Wasser vorher abkochen oder Regenwasser verwenden.)**

   Ansatz von Kesselstein wird dadurch verhindert.
2. **Wasser ablassen, wenn durch Absonderung von den Zylindern rostig gefärbt.**
3. **Bei Kraftfahrspritzen den Kühler nach ungefähr 50 Betriebsstunden mit einer zehnprozentigen Sodalösung füllen, über Nacht stehen lassen und gründlich durchspülen. (Säuberung von Schlamm und Öl.)**

   Ablassen des Wassers nach dem Abstellen des Motors oder während des Betriebes vornehmen. Durch die Wasserbewegungen haben die Unreinigkeiten keine Zeit, sich zu setzen.
4. **Den Ventilatorriemen stets gespannt halten und rechtzeitig nachstellen, sonst ist die Kühlwirkung ungenügend (nur bei Kraftwagen).**

II. Feuerlöschpumpe.

A. Wirkungsweise der Pumpe.

Gewöhnliche Kreiselpumpen können das Wasser nicht selbst ansaugen, sie bedürfen hierzu einer Hilfsansaugvorrichtung (Entlüftungspumpe), welche die Luft aus dem Pumpeninnern und aus der Saugleitung herausholen muß. Erst nach vollständiger Entlüftung strömt das Wasser durch den außen vorhandenen Luftdruck in die Pumpe, wird von den Laufrädern erfaßt und durch dieselben unter Druck gesetzt.

Die gebräuchlichsten Entlüftungspumpen sind:

1. **Kapselschieberpumpen** (in Öl und Fett laufende Schieber),
2. **Wasserringpumpen** (rotierender Wasserring),
3. **Gasstrahler,** Ejektoren (Ausnützung des Auspuff- bzw. Kompressionsdruckes).

Das Ansaugen das Wassers durch die Entlüftungspumpen geht nur dann einwandfrei vor sich, wenn

a) Saughöhe nicht zu groß ist (in Bayern höchstens 8—8,5 m).

b) Pumpe und Ansaugleitung vollständig dicht sind.

Die Dichtheit ist wie folgt zu prüfen:

B. Trockensaugprobe.

Die Trockensaugprobe (Entlüftungsprobe ist die schnellste und daher wichtigste Prüfung der Dichtheit von Pumpe und Saugleitung. Sie erfordert nur wenige Minuten Zeitaufwand und soll mindestens alle sechs Wochen vorgenommen werden.

1. Prüfung der Pumpe auf Dichtheit.

1. **Hauptpumpenkörper entwässern und Entleerungshahn verschließen.**
2. **Verschlußkappe für Saugstutzen festziehen, Druckschieber schließen.**

3. **Pumpe mit Motor kuppeln.**
Bei einigen Typen (Zweitaktmotore mit Entlüftung durch Kompressionsdruck) kann die Pumpe ausgeschaltet bleiben.

4. **Motor in Betrieb setzen und Entlüftungspumpe einschalten.**
Vor dem Einschalten der Entlüftungspumpe ist:
a) bei Kapselschieberpumpen auf ausreichende Schmierung zu achten (Ölbehälter und Fettbüchsen sind gut gefüllt zu halten),
b) bei Wasserringpumpen vor dem Anlaufenlassen Schalthahn auf Ansaugen stellen und solange Wasser auffüllen, bis es dem Überlaufrohr entströmt,
c) bei Gasstrahler auf vollständiges Einrücken des Schalthebels auf Stellung „Ansaugen" zu achten.

5. **Normale Motordrehzahl nicht überschreiten, da sonst Gefahr für Pumpe und Motor.**
Während der Entlüftung ist bei übermäßig hoher Drehzahl ein Anstreifen der Laufräder im Gehäuse zu befürchten, weil der Abstand der drehenden von den feststehenden Teilen nur etwa 0,2 mm beträgt.

6. **Der Zeiger des Mano-Vakuummeters muß beim Einschalten der Entlüftungspumpe nach links und bei einfachem Vakuummeter entsprechend ausschlagen. Pumpe bei Vakuum von etwa 8 m W.S. abschalten. (Bei Wasserringpumpen ist der Schalthahn auf Stellung „Betrieb" umzulegen.)** Lang andauerndes Laufenlassen der Pumpe ohne Wasser ist zu vermeiden. Fällt der Zeiger im Verlaufe der

nächsten Minute um mehr als etwa 1 m W.S. oder schlägt der Zeiger überhaupt nicht aus, dann ist entweder die Pumpe undicht oder das Vakuummeter schadhaft. Undichtheit an der Pumpe entstehen meist an den Stopfbüchsen und Hähnen, sowie an den Druckschiebern.

7. **Ist eine Undichtheit an der Pumpe festgestellt und kann die Stelle des Lufteintritts nicht gefunden werden, so ist die Pumpe durch Anschluß an die Hydranten-Leitung abzupressen.**

Bei mangelnder Druckwasserleitung kann die Pumpe mit der Hand-Druckspritze abgepreßt werden.

Falls auch keine Hand-Druckspritze vorhanden ist, kann die mit Wasser gefüllte Pumpe bei verschlossenen Schiebern mit mittlerer Motorendrehzahl in Betrieb gesetzt werden.

Bei all diesen Proben machen sich dann undichte Stellen durch Heraustreten von Wasser bemerkbar.

8. **Unterdruck nach Beendigung der Trockensaugprobe ablassen.**

Abgesaugtes Fett und Öl ist bei Kapselschieberpumpen sofort nachzufüllen. Während der warmen Jahreszeit wird man bei Wasserringpumpen Wasser nachfüllen.

9. **Bei Wasserringpumpen älterer Bauart bleibt zeitweise die Kugel des Rückschlagventils auf dem Sitz hängen, so daß die Entlüftungspumpe nicht wirken kann. Kugel und Sitzflächen sind deshalb besonders gut zu reinigen. Im Falle öfteren Hängenbleibens kann die Kugel entfernt werden.**

2. Prüfung der Saugleitung.

Saugschläuche miteinander verschrauben, ein Ende der Schlauchleitung mit Pumpe verbinden (am Saugstutzen), das andere Ende mit der Kapsel des Saugstutzens erschließen. Der Zeiger des Vakuum-Manometers muß auch hier beim Einschalten der Entlüftungspumpe bis 8 m W.S. ausschlagen und wie bei der Prüfung der Pumpe halten. Undichtheiten sind meist an den Verschraubungen der einzelnen Saugschläuche. Kann die Undichtheit nicht gefunden werden, so ist jeder Saugschlauch einzeln in gleicher Weise zu prüfen. Schadhafte Saugschläuche sind auszuwechseln.

C. Inbetriebsetzung der Pumpe.

1. Ansaugen aus offenen Gewässern.

Dichtheit der Spritze ist schon durch Trockensaugprobe festgestellt worden.

1. **Spritze soweit als möglich an Wasserstelle heranfahren.**

   Die Saughöhe und Sauglänge soll zur Vermeidung einer Überlastung des Geräts möglichst klein sein.

   Der Motor muß, um gleichmäßige Ölverteilung beizubehalten, wagrecht stehen.

2. **Die Saugschläuche zusammenschrauben.**

   Die Konen der Verschraubungen und die Gewinde müssen sauber gehalten und eingefettet sein. Gewinde und Konusse dürfen beim Auslegen nicht verschmutzt oder beschädigt werden. Bei großer Ansaughöhe Saugleitung mit Halteleine abfangen.

Der Saugkorb soll mindestens 15 cm unter Wasser hängen.

In fließenden Gewässern bei genügender Tiefe soll er gegen die Strömung und bei geringerer Wassertiefe mit der Strömung liegen.

3. **Druckschläuche anschließen.**

4. **Entlüftungspumpe einschalten.**

   Nach 5—40 Sekunden tritt Wasser in die Kreiselpumpe ein. Das Manometer schlägt aus und die Kreiselpumpe beginnt zu arbeiten. Saugt die Pumpe trotz aller Maßnahmen nicht an, so füllt man im Notfall Pumpe und Saugleitung mit Wasser auf. (Saugkorb muß Rückschlagventil haben.)

5. **Die Entlüftungspumpe ausschalten und Druckschieber öffnen.**

   Die Pumpenstopfbüchse darf nicht zu fest angezogen werden; sie soll noch tropfenweise Wasser durchlassen, damit Heißlaufen der Welle vermieden wird.

2. Spritzen aus Hydrantenleitungen.

1. **Beim Anschluß an Wasserleitung auf den Druck des zufließenden Wassers achten.**

   Das Manometer zeigt den Wasserleitungsdruck an, solange die Pumpe nicht läuft.

2. **Den Motor regulieren, solange die Spritze arbeitet, so daß kein Unterdruck in der Pumpe entsteht.**

   Dies tritt ein, wenn die Pumpe schneller läuft, als es dem Wasserzufluß durch den Hydranten entspricht. Durch den Unterdruck werden die

Schläuche der Zuleitung zusammengezogen und das Wasser bleibt aus.

3. **Druckschieber an der Pumpe nicht plötzlich schließen.**
Durch den entstehenden hohen Pumpendruck würde das Mano- und Vakuummeter beschädigt.

D. Außerbetriebsetzung der Spritze.

1. **Öffnen der Druckschieber.**
2. **Öffnen des Saugstutzens, dann der Pumpen- und Entwässerungshähne und Ablaufhähne.**
3. **Mehrmaliges Anheben und Schwenken der Spritze, damit Wasser aus dem Saugstutzen und den Ablaufhähnen gut auslaufen kann.**
Auf **gründliche** Entleerung der Pumpe ist zu achten.

E. Betrieb bei Kälte.

1. **Möglichst angewärmtes Wasser auffüllen.**
Motor bei ausgeschalteter Ansaugpumpe auf dem Weg zum Brandplatz laufen lassen, um Einfrieren des Kühlwassers zu verhindern.
Bei Wasserringsaugpumpe erst am Brandplatz mit Wasser auffüllen.
2. **Nach Abstellen des Motors nur die Pumpe entleeren. (Aus Wasserringansaugpumpen das Wasser bei Temperaturen unter 0° C ebenfalls ablassen.)**
Da das heiße Kühlwasser ein Schutz gegen das Einfrieren ist, wird es erst im Gerätehaus abgelassen. Bei längerer Fahrt lasse man den Motor bei ausgeschalteter Ansaugpumpe langsam laufen.

3. **Im Gerätehaus Wasser restlos aus Motor und Pumpe entfernen.**

Dazu soll man den Motor etwa 1 Minute lang mit geringer Drehzahl nach dem Ablaufen des Wassers in Betrieb setzen und dabei auch die Ansaugpumpe einschalten.

Um auch die im Pumpenkörper oder in der Entlüftungspumpe zurückbleibenden Wassertropfen restlos zu entfernen, wird während der kalten Jahreszeit empfohlen, nach dem Außerbetriebsetzen der Spritze und nachdem das Wasser abgelassen ist, in die Pumpe etwa 1—2 Liter Spiritus zu füllen und denselben nach kurzem Laufenlassen wieder abzulassen und aufzufangen.

4. **Motor zeitweise in Betrieb setzen, um die Pumpe durch das Kühlwasser zu erwärmen.**

Bei längeren Betriebspausen liegt die Gefahr des Einfrierens vor.

5. **Ablassen des Wassers nicht notwendig, wenn eine Heizvorrichtung für das Kühlwasser vorhanden.**

(Heizpatronen oder sonstige Anwärmevorrichtungen.) Empfehlenswert ist auch, dem Wasser „Glysantin“ oder ähnliches beizumischen, wodurch der Kühlerinhalt bis zu etwa —20° C kältebeständig wird.

6. **Bei längeren Betriebspausen den Motor öfters anwerfen, wöchentlich 2—3 mal.**

FSC
www.fsc.org
MIX
Papier | Fördert
gute Waldnutzung
FSC® C083411

Kolibri 360 GmbH
Ferdinand-Jühlke-Straße 7
99095 Erfurt, Deutschland
produktsicherheit@kolibri360.de